華岩里古墳内部の石組の様子

弥勒寺址に保管されている残存部材

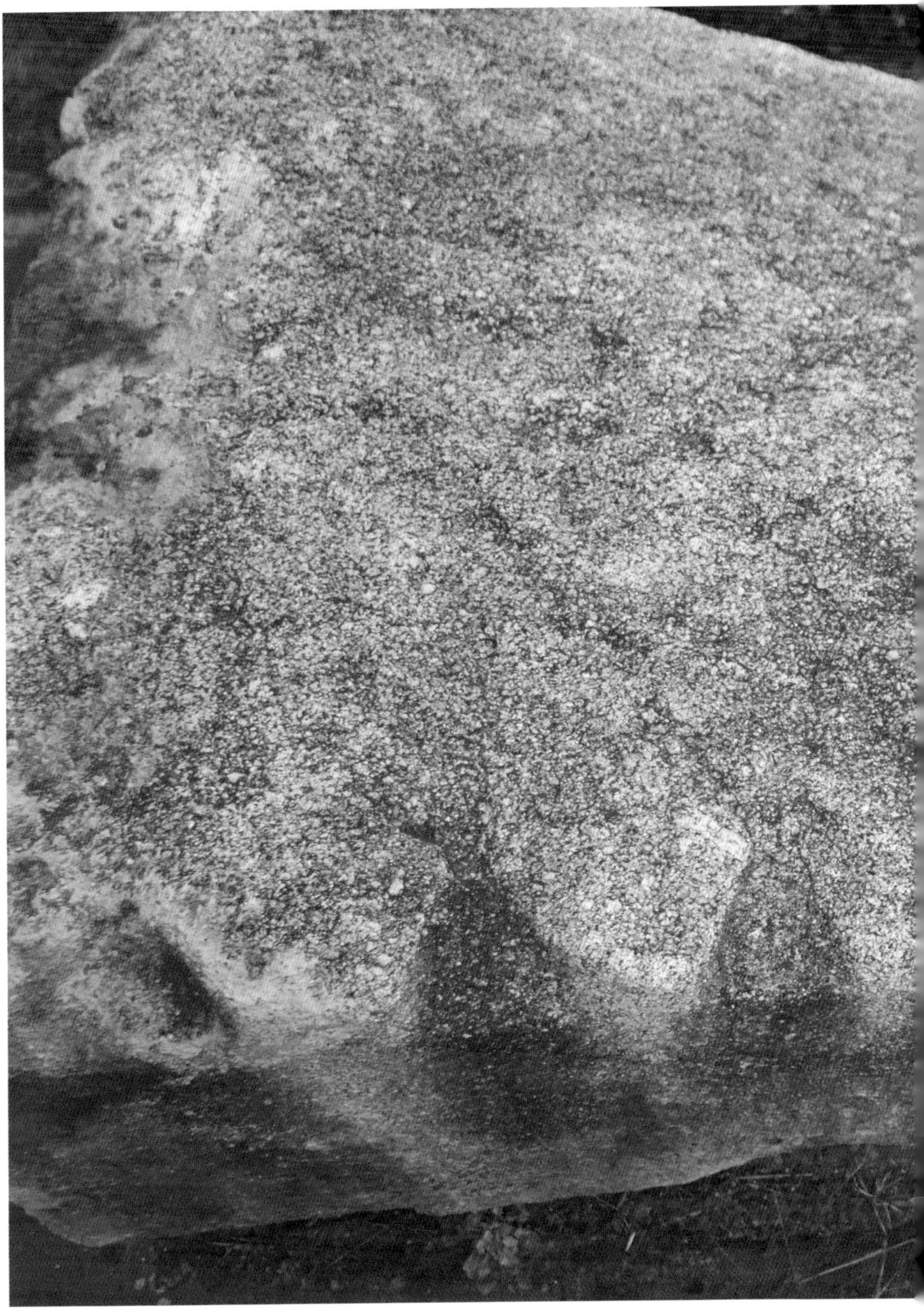

連続した三角形の矢穴痕・弥勒寺址

慶州市・皇龍寺講堂址

割れやすい石の目に添ったつけられた四角形の矢穴痕・皇龍寺金堂址

割れにくい面に開けられた矢穴・皇龍寺金堂址

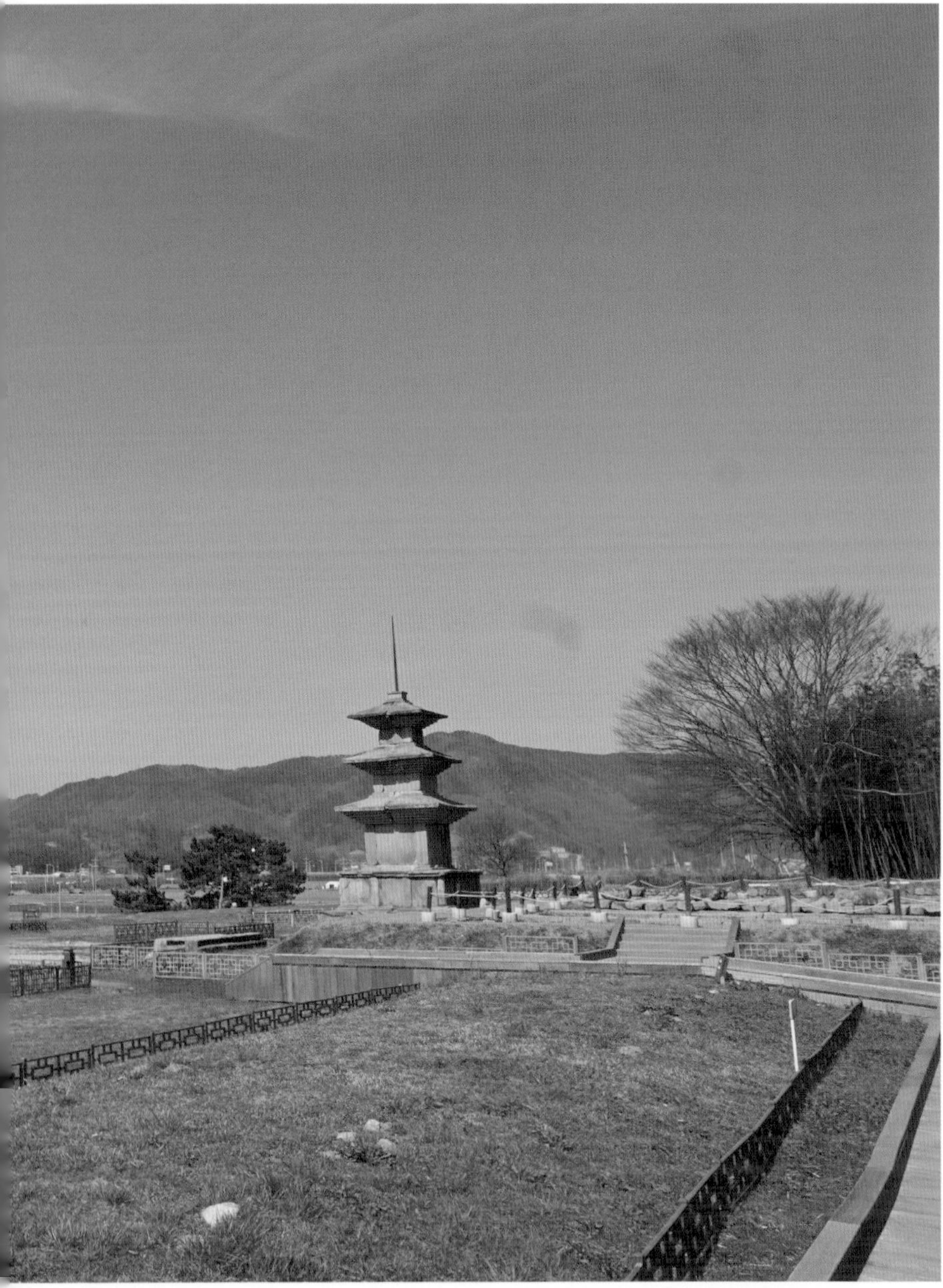

慶州市郊外・感恩寺址

先が鋭角な三角形矢穴痕・感恩寺金堂址

水門付近の石積み状況・雷山神籠石

石人造オリジナル

岩屋山古墳玄室

「天井石２西面　下部に二つの梃子穴」と説明されている写真
『明日香古墳を掘るー解明された築造方法』より転載

「南石壁外面　下端に５つの梃子穴」と説明されている写真
『明日香古墳を掘る－解明された築造方法』より転載

マハーバリプラム海岸寺院遺跡に残る矢穴痕・インド・チェンナ

高山石切場遺跡に残る矢穴痕（香芝市二上山博物館より借用掲載）

部分的に石を割ってできたえぐれた表情を持つ岩屋山古墳の羨道壁石

文殊院西古墳の切り石５段積の壁石

五金山城の石積み・韓国、益山郊外

酒船石側面に残る矢穴痕

石割技法をめぐる飛鳥時代の石材技術

山田政博

丸善プラネット

まえがき

私はいわゆる石屋である。二〇一七年に会社を引退したのをきっかけに、以前から興味があった古代オリエントの遺跡を巡り、それらを『古代オリエントから飛鳥へ―石材技術を探る旅』と題する旅行記にまとめ出版するに至っている。そのためにエジプト・トルコ・ヨルダン・イラン・インドの各地に点在する石造遺跡の数々を取材したのだが、最終地である奈良・飛鳥を取材する過程で、石を割る基本的な技術である矢割技法が飛鳥時代にはなかったと学術的に認識されていることを知り、それをもとに公的な機関である奈良文化財研究所飛鳥資料館発行の刊行物にも記述されていることに一種の違和感を覚えたのである。

私が経営していた会社は、玄武岩質安山岩と花崗岩の二か所の採石場を所有していて、採石から加工・施工までを業務としていた。玄武岩質安山岩の採石場では、一九六〇年代には多数の作業員が石材の作業に従事し、採石から石割をはじめとして人力による石の扱い方や技術について、様々に見聞きしている。

花崗岩の採石場は一九八〇年代からの操業で、火薬による切り出し作業や岩盤を直接切断するワイヤーソーなど機械力による作業が主であったが、作業員はそれぞれが石の目利きであり、石が割れやすいいわゆる「石の目」を読んで作業に当たっていた。

一九七〇年代に、玄武岩質安山岩の採石場に彫刻家、イサム・ノグチ氏が訪れ、この石で数多くの作品を制作したことをきっかけに、この採石場が美術家の間で注目されるようになった。採石場の片隅に設けた作業場では何人かの彫刻家が石彫の作業をする姿に触れ、個人的な興味心から二〇年以上にわたって、実際に石の手加工に従事してきた経験を私自身が持っている。

それらの経験をもとに、改めて飛鳥時代の石造物を検分し、さらにその時代に朝鮮半島の百済から様々な文化や技術とともに石材技術が伝来しているという歴史的経過を踏まえ、百済・新羅時代の石造物を検分して、私なりに飛鳥時代の石材技術について論考したのが本書である。

結果的には現在の学術的な認識とは異なった見解、「飛鳥時代には矢割技法が存在した」という結論に至っている。

言うまでもなく学者がそれぞれの立場で学説を述べることは自由であり、その自由は保障されるべきだと考える。私自身は在野であり、学術的な論考・論文の読み込みは限定的なものであること、さらに高松塚古墳石室実物の検分はしていない状況での記述であることから、的外れのところがあるかもしれないが、実際に石材を加工してきた石工として、おかしいと思った点を率直に指摘したつもりである。

奈良文化財研究所飛鳥資料館や文化庁などの公的な機関は、世の中の様々な学術的論文や考察に対して、あらゆる角度からそれらを吟味し、中立的な立場で真実を見極める使命を持っているものと考える。その思いから、私が今回得た結論をもとに、これまでの学説に対して異議を唱えた。そのことで飛鳥の石材技術についてさらに議論され、より真実に迫る認識が生まれることを期待するものである。

本書をきっかけに、様々な石材技術についての意見交換が活発になされることになれば、長く石に携わってきた者の一人として嬉しい限りである。

なお、前書『古代オリエントから飛鳥へ—石材技術を探る旅』では、実際に石を割る「矢」に対して、石材技術の専門家ではない一般の方でもわかりやすいように「クサビ」という単語を用いたが、クサビの要素を含むものの石割技術に特化された道具である「矢」は、一般的なクサビとは用途や形状に違いがあるので、本書ではより専門的な「矢」という単語を用いて記述することとした。

目次

第一章　百済・新羅の石材技術

奈良文化財研究所飛鳥資料館発行の『飛鳥の石造文化と石工』によると、五五八年から造営が始まった日本最初の本格的な寺院である飛鳥寺について、当時は我が国には技術者がおらず「百済から僧とともに寺工・路盤博士・瓦博士・画工といった各種の技術者の派遣をうけて、はじめて飛鳥寺の造営を進めることができた。こうした中に石工の技術も含まれていたと考えられる」「硬い石材を加工する技術は、飛鳥寺造営を契機として百済の石工技術が導入されたことが大きな画期となったと考えられる」とある。

石材技術についてはかねてから興味があり、百済の石材技術がどのようなものであったのかを実際にその様子を検分するために、百済王朝の都が置かれた扶餘《プヨ》をはじめとしてその周辺の遺跡を回ってみた。さらに当時の百済と勢力を争った新羅の石材技術についても知っておく必要があると思い、新羅の都であった慶州における各寺院址にも足を延ばしてみた。

（一）百済地方の諸相

公　州

・武寧王陵

公州は三国時代の四七五年から六三年間にわたり百済の首都となったところで、世界遺産の武寧王陵と王陵園にはいくつもの墳墓がある。

武寧王陵は中国南朝の影響を受けて造られたレンガ造りの塼築墳《せんちくふん》でアーチ状の天井形式となっている。残念ながら内部は一般公開されておらず入ることができないが、王陵園の展示館では武寧王陵の内部が忠実に再現されていて、その様子を知ることができる。

・公山城

武寧王陵の近く、錦江に隣接して公山城がある。武州（現ソウル）から公州に都を遷都した文周王によって造られた山城で、王都の防衛施設としての役割を果たした。もともとは土城であったものを一三九二年に成立した李氏朝鮮王朝時代に石積みに改築された。石積みは百済時代にもみられるような長方形に割られた部材を用いる様式である。

1-1　内部は非公開となっている公州武寧王陵

1-2　公州武寧王陵展示館で再現されている6号墳内部

1-3　1990年に復元された公州・公山城錦西楼

扶　餘

百済王朝の全盛期から、六六〇年に百済が滅亡するまでの約一二〇年間、最後の都が置かれ、仏教文化が栄えたところ。街は防衛のために、蛇行する錦江（別名・白馬江）の流れを利用するように位置し、南岸の山に造られた扶蘇《プソ》山城は稜線に添って外敵から王都を守るような形で城壁が築かれている。

ちなみに扶蘇山城の近くには、百済滅亡時に三〇〇〇人の宮女が身を投げたという落花岩があり、白馬江クルーズ船から見ることができる。また、錦江が黄海に流れ込む海辺は白村江と呼ばれ、日本が援軍を送りながら新羅・唐との戦いで敗れた白村江の戦いがあった場所となる。

・定林寺址

扶餘《プヨ》の中心部には、百済の聖王が都を扶餘に移した直後に建てられた定林寺の跡地があり、中庭には百済塔と呼ばれる高さ八・三三メートルの五重石塔が当時の姿で建っている。初層塔身に「大唐平百済国碑銘」とあることから、唐が百済国を平定したことを記念して建てられたともいわれている。しかし、定林寺の創建は六世紀中頃と考えられ、五重石層も同時期の建立とするのが自然とする説もあり、そうだとすると朝鮮最古の石塔と位置付けられる。

現在、講堂が再建され、その中には高麗時代の石仏座像（高さ五・六二メートル）が安置されている。

・扶餘王園陵

街の郊外には、当時の王族の古墳群が集まっている扶餘王陵園が整備されている。東西と中央に群をなし、全部で三群一六基が分布。資料によると、「多くは切石を用いた横穴式石室墳の様式をとり、東古墳群一号

1-4　扶餘・定林寺址五重石塔

1-5　五重石塔の初層に刻まれた「大唐平百済国碑銘」の文字

1-6　再現された定林寺址講堂に安置されている高麗時代の石仏座像

墳は玄室の両壁に長大石を横積みにしたもので石室断面は六角形を呈し、我が国の飛鳥時代の石室構造の祖型といえるもの」とある。また「三号墳は板石の垂直壁面に一段の長大石を斜めに配置する。さらに四号古墳は玄室に板石三枚を立て、長大石を三段に持ち送り、斜め天井をつくる」と説明されている。これらの古墳は整備が完了しており、残念ながらここも内部は一般公開がされておらず、全体が公園のような状態となっている。西古墳群の一部は現在も調査が続けられている。

それらの古墳群を抜けると王園陵や扶餘凌山寺址・扶餘羅城をテーマにしたアートミュージアムが整備されている。その敷地の一角に「華岩里古墳（実物）」と表示した百済後期の小規模な古墳が再現されていて、古墳内部を見ることができる。当時の切り石による石室構造の一端を知ることができ興味深い。

・羅城石垣

さらに、大規模な扶餘陵山里寺址の先に、首都である扶餘を外敵から守るために構築された扶蘇山城から始まる羅城の石垣が見えてくる。建設時期は百済が公州から扶餘に遷都した五三八年頃といわれており、周辺の自然の地形を利用して都全体を囲むように築かれている。二〇年以上にわたった考古学調査により当時の築造技法や門址をはじめとする各種施設など全体像が分かっているという。

1-7　内部は非公開となっている扶餘王園陵

1-8　調査中の扶餘王園陵西古墳群

1-9　再現された百済時代の華岩里古墳

1-10　華岩里古墳内部の石組の様子

1-11　復元された羅城石垣

益　山

益山は百済後期の王であり、新羅と激しく戦った武王（五八〇～六四一）ゆかりの地。国内の王権を強化するため、現在の益山市郊外の地に宮殿や巨大な弥勒寺を建設した。

・弥勒寺址

百済最大の寺院である弥勒寺。創建にあたっては、当時の百済の建築・工芸など各種技術の最高水準が発揮されている。それればかりではなく、資料によると朝鮮半島の現存最古の史書である『三国遺事』には新羅の真平王が百工（職人）を送ったと記録されていて、当時の百済・新羅・高句麗の三国の技術が結集されて造られたことを示している。

広大な寺址には西塔と二つの幢竿支柱と礎石群が残るのみであったが、現在はすっかり整備され、九層様式で高さが一四・五メートル、東アジアで最も大きかったという東塔も復元されている。

発掘調査の結果、おおよその伽藍配置が確認された。当時の伽藍は中門から入ると大規模な木塔を中心として東塔・西塔が配置され、三塔の東西中心軸をそろえて建造されていたことが分かっている。現存する西塔はかろうじて六層が残っていたが西面が特に崩壊が進んでいて、二〇年という長い再現作業期間を経て、二〇一九年に修理を終え公開されている。西面の部分は崩壊したままの姿で復元されている。様式的に見て韓国最古の石塔といわれ、国宝に指定されているとのことである。

基壇の四隅には飛鳥の猿石に似た石像が置かれており、当時の百済と飛鳥の関係性を示しているようにも思われ、興味深い。

1-12　再現された弥勒寺址東九重石塔

1-13　修復された益山・弥勒寺址西石塔

1-14　弥勒寺址西石塔の四隅におかれた「魔除け石像」

西塔の奥には、弥勒寺址に残された石材の部材が保管されており、穴開け技法や石割技法を示す部材も散見されて当時の石材加工の様子が見て取れる。

穴開け技術は、刃先を一文字にした平ノミを回しながら穴を開けていく「回しノミ技法」によるものと思われる。

石割については、「矢」による「矢割技法」を用いて割っている部材がいくつも確認された。矢穴痕の形が何種類かあり、興味深く観察した。

矢穴痕の形を分類すると、一番目は矢穴痕の先が鋭角でありしっかりと三角形になっているもの。二番目は三角形の形をとるがその形がゆるいもの。三番目は先が直線的で全体の形が台形に近いもの。四番目はかまぼこ型で「矢」を浅く差し込む形のもの。おおよそこの四種類である。石質や石材の用途、職人の使い勝手やその後の加工状況によって使い分けていたものと思われる。あるいは、弥勒寺創建の記録では三国の技術が結集して造られたという記録が残っていることから、石の職人も三国から集められ、それぞれの道具の違いを反映しているのかもしれない。

石材仕上げの観点から見ると、表使いの部材では矢割の際についた矢穴痕を消して表面をきれいに整える必要がある。仕上げ作業の効率を考えるとできるだけ矢穴痕を残さないか、厚みの少ない「矢」を用いる方が仕事は早い。矢穴痕から見ると三番目や四番目にあたる。

逆に表に出ない裏面は割ったままで用いるので、矢穴痕は気にせず力任せに割ることができる。ただし、このような何種類かの「矢」を使うにはそれなりに数多くの「矢」を用意しておかなければならず、実際の作業ではその見極めはあいまいになりがちである。要は持っている道具で手早く石を割ることを優先するのが石職人の感覚である。

1-15　弥勒寺址に保管されている残存部材

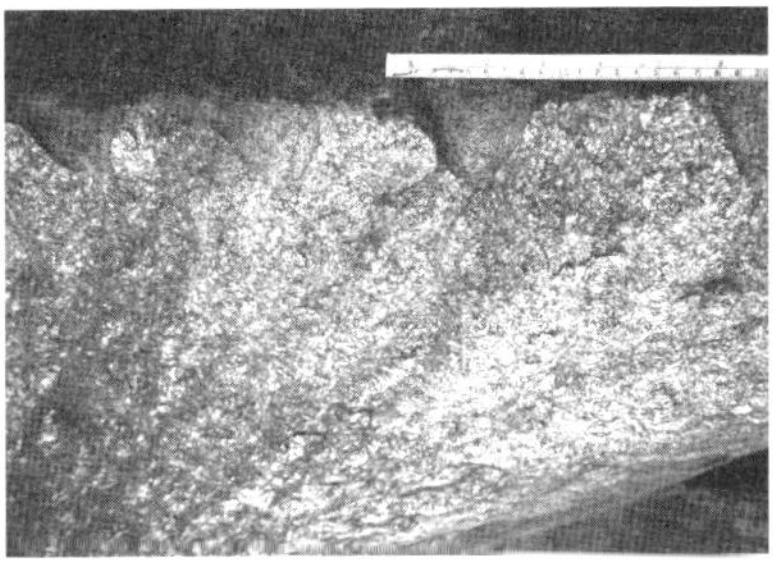

1-16　① 先が鋭角な三角形の矢穴痕・弥勒寺址

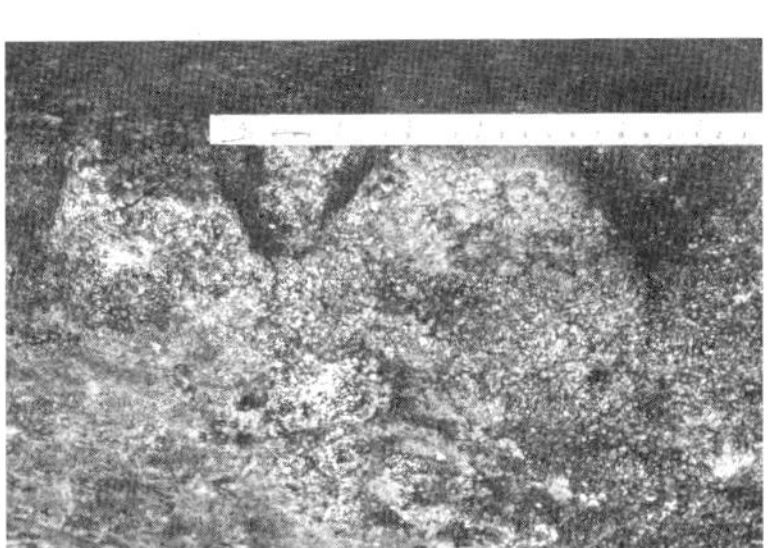

1-17　② 先がゆるい三角形の矢穴痕・弥勒寺址

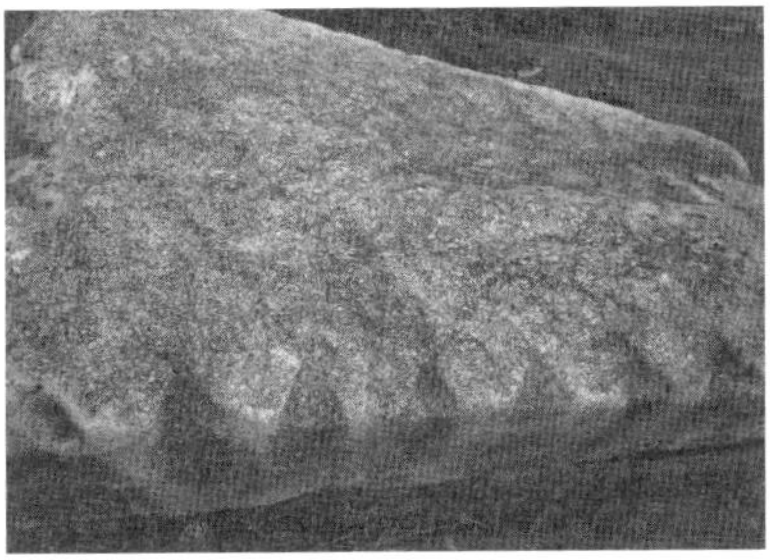

1-18　連続した三角形の矢穴痕・弥勒寺址

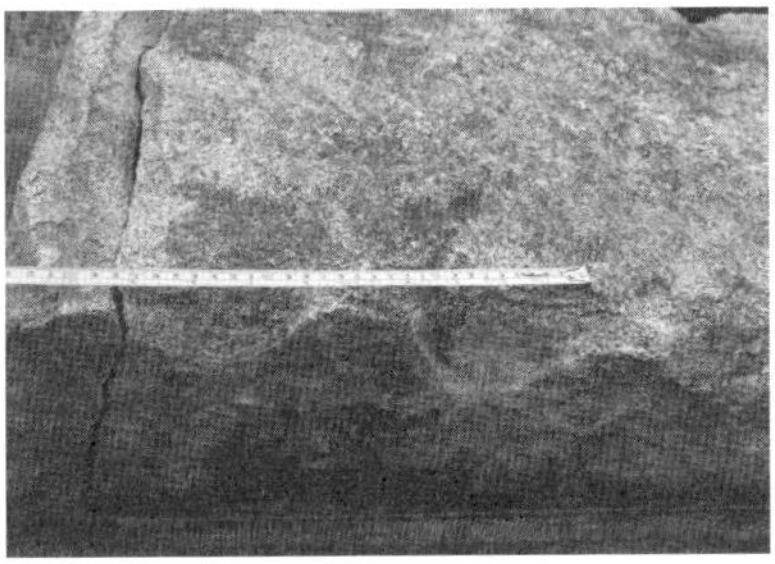

1-19　③ 先が直線的で台形の矢穴痕・弥勒寺址

1-20　④ かまぼこ型の矢穴痕・これだと後の整形加工が楽である・弥勒寺址

さらに、作業の段取りや作業過程で複数の人手を必要とするために、職長を中心に何人かの集団体制で作業にあたるのが常で、弥勒寺のような大規模な現場になると、そのような集団がいくつも結集して作業にあたるので、その職人集団の持っている道具の違いを表しているのかもしれない。

・五金山城

弥勒寺址を見学後、五金山の山稜を利用して築かれた五金山城に立ち寄った。そこは水口を囲んだ小規模な山城であるが、長方形の面取りをした石材を横に並べて積むという当時の百済様式の築城の技法が残されており、貴重な遺構である。

・王宮里寺址五層石塔

五金山城見学の後、王宮里寺址に残る五層石塔を視察した。石塔の付近からは百済時代の瓦片が出土していることから、百済時代か新羅時代に建てられた石塔であるとみられている。一九九五～六年に解体修理が行われ、中心礎石と第一層屋蓋からは舎利具が発見されている。百済様式であることは認められているが、塔身内部から旧石材や瓦などが発見されていることから、現存する石塔は創建時のものではないと考えられている。

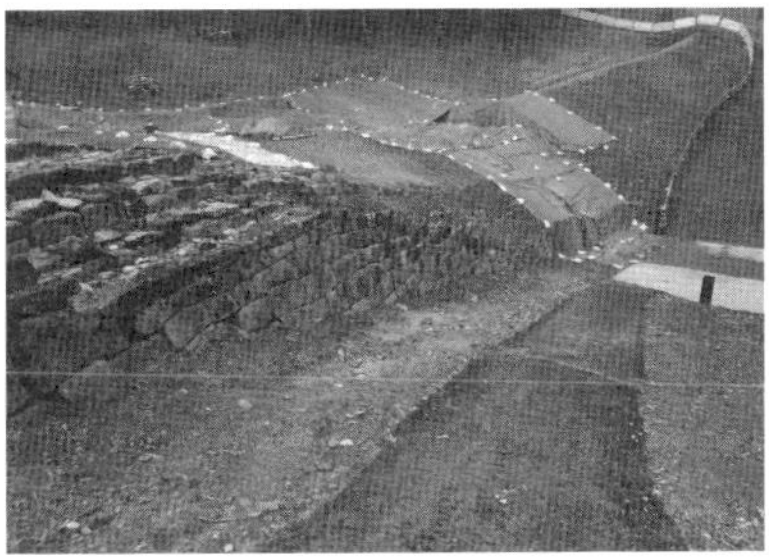

1-24 水口部分は修復工事中の益山・五金城址石垣

1-25 方形で面取りを施した部材を用いた石垣。切り欠き加工など日本の朝鮮式山城との共通した技法が見られる・五金城址

1-26 益山・王宮里城五重石塔

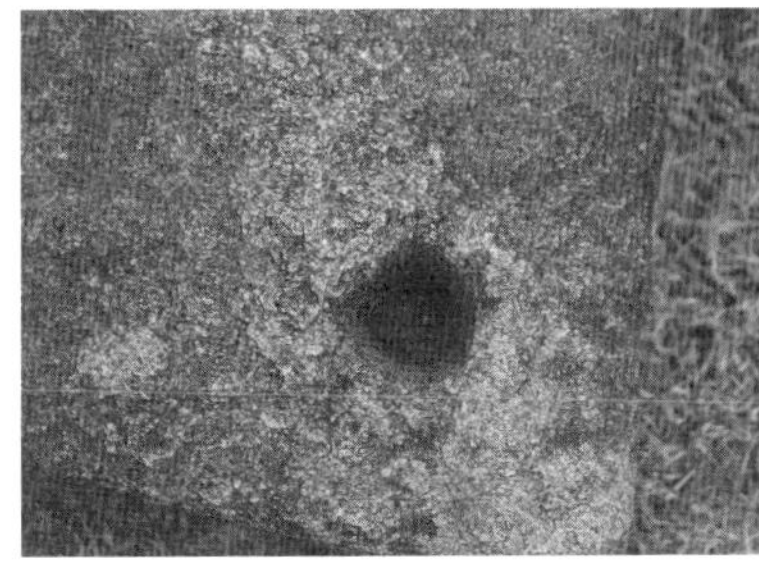

1-21 残存部材で確認された穴明け加工・弥勒寺址

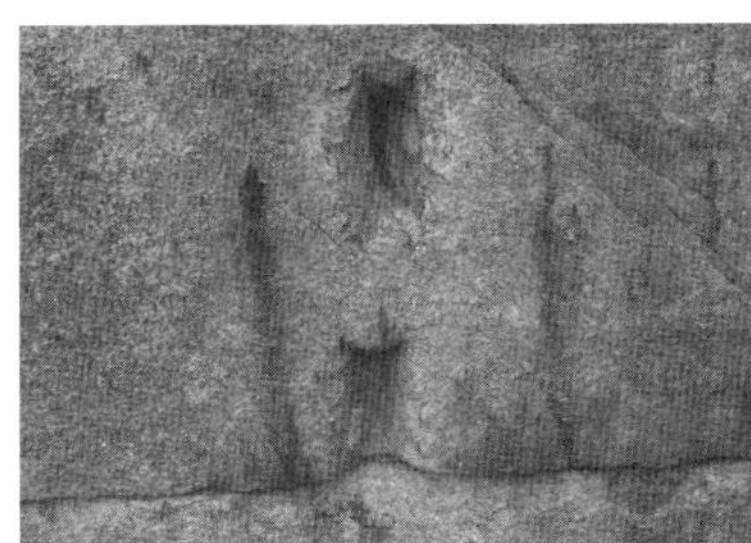

1-22 割れにくい面にはぶ厚い矢を力強く打ち込もうとした意識が読み取れる・弥勒寺址

1-23 曲線的に矢を打ち込んで曲面を得ようとした意識が読み取れる・弥勒寺址

(二) 新羅地方の諸相

慶州

慶州は百済・高句麗の三国時代を経て、はじめて朝鮮半島を統一した新羅王国の首都として、政治・文化の中心として栄えてきた。仏教を重んじていたために周辺地域には多くの仏教遺跡があり、仏国寺や石窟庵は世界遺産として登録されている。また、市内にも数多くの遺跡が点在し「慶州歴史地域」として世界遺産登録されている。

・瞻星台《チョムソンデ》

二重基壇の上に高さ三〇センチの石を二七段重ねた、高さ九メートルの天文観測関連の建築物。韓国では「東洋最古の天文台遺跡」として国宝に指定されている。頂上部には「井」形に長方形の石が積まれ、構造や構成、さらに石材にも象徴的な意味が込められているという。

・皇龍寺址

五五三年に建設が始まり、およそ一五〇年間という長い建設期間を要して六九四年に完成した東洋一といわれた寺院、皇龍寺。蒙古軍の襲来に遭い、破壊・焼失した。

発掘調査により金堂・講堂などの基礎となる土台が発見され新羅時代の最大規模の寺院であったと確認さ

れた。各建物の構造の把握は難しく、現在は土台部分だけが復元されている。それらの礎石の一つ一つを確認し、当時の石材加工の様子を検分した。

講堂址とみられる礎石では建物の基準となる基準線が刻まれたものが確認された。また、礎石の寸法に割った断面には益山・弥勒寺址でも確認された先が鋭角で三角形の形をした矢穴痕が残されていた。

さらに金堂跡とみられる礎石では先が鋭角で三角形のものと先が緩やかな弧を描いた四角形の形をした矢

1-27　瞻星台（チョムソンデ）・慶州市内

1-28　慶州市・皇龍寺講堂址

穴痕が確認され、それら二種類の「矢」を併用して用いていたことが分かる。さらに詳しくみると石の「目」に沿った割れやすい面には四角の矢穴痕が多くみられ、一方、石の目に逆らった割れにくい面では三角形の矢穴痕が多い。これらの傾向は厳密なものではなく、石工の判断で使い分けていたと思われるが、石の目に逆らって割るにはかなり力強く「矢」を打ち込まなければならず、三角形の「矢」の方が割り面に対してより深く効くと認識されていたのかもしれない。

石割加工痕ではないが、別に建物の地覆石とみられる部材には、加工にかなりの労力を要するL字型に加工したものを用いており、実際に石の加工にあたった当時の職人の気概みたいなものを感じることができて興味深かった。

・**感恩寺址**

慶州市の東、海岸近くの郊外にある慶州・感恩寺址。新羅三〇代国王の文武王が倭国の侵入を仏力で守ろうとして建設したといわれている。現在、山を背にした丘陵地に東西二つの三重石塔が残されている。

その二つの石塔の真ん中に、金堂跡とみられる地下空間を設けた基礎の石組が残っている。石組は長方形に成形された延石状のものが用いられており、それらの割り面にはすべて三角形で、先が鋭角な矢穴痕が規則的に連続してついている。同じ新羅の遺跡である皇龍寺址では、状況によって違った形の「矢」を用いており、ここでも何種類かの矢穴痕が見つかるのではないかと思い、注意深く検分してみたが、すべて同じ形のものであった。

また、石塔基壇石の上面には恐らく仏力にあやかろうとして石を削り取った穴、盃状穴が確認された。いつの時代に開けられたものか不明だが、日本でも石の霊力や仏力を信じて削り取られた同じような穴が各地で見つかっており、同様の民間信仰形態が見られ興味深い。

1-29　建物の基準線が刻まれた礎石・皇龍寺講堂址

1-30　三角形の矢穴痕・皇龍寺講堂址

1-31　割れやすい石の目に沿ってつけられた四角形の矢穴痕・皇龍寺金堂址

1-32　割れにくい面に用いられた四角形の矢穴痕・皇龍寺金堂址

1-33　割れにくい面に開けられた矢穴・皇龍寺金堂址

1-34　L字型の部材を用いた礎石の角・皇龍寺金堂址

1-35　慶州市郊外・感恩寺址

1-38　東五重石塔の基壇に見られた盃状穴・感恩寺址

1-36　地下に空間がある感恩寺金堂址

1-37　先が鋭角な三角形矢穴痕・感恩寺金堂址

第二章　北九州の朝鮮式山城

六六三年、日本と百済の連合軍が百済の白村江の戦いで敗れ、唐および新羅軍の侵攻に備えるため、防衛拠点としての山城を短期間で築かなければならないという緊迫した事態の中で造られたのが朝鮮式山城と呼ばれるものである。

築城にあたっては、百済からの亡命貴族である「答㶱春初《とうほんしゅんそ》」「憶礼福留《おくらいふくる》」「四比福夫《しひふくぶ》」といった官位第二位の高官が現地で直接指揮をとっていたことが分かっている。これらの山城は水路や陸路の交通の要衝や官衛とごく近い位置にあり、それぞれが関連した施設として造られている。また、百済時代の都・扶餘を囲むように構築された羅城石垣や益山郊外にある五金山城の石垣で見られるように、山岳の利用形態や諸施設の在り方が朝鮮半島で発展した山城の石垣技法ときわめて近いという類似性が認められている。

大野城址

大野城址の「百間石垣」に掲げてある案内板には「大野城は白村江の戦（六六三）の後、唐・新羅からの侵攻に備えて西日本各地に築かれた山城の一つで、北西の水城《みずき》、南方の基肄城《きいじょう》とともに大宰府政庁を中心とした防衛ラインを形成。百済の亡命高官による戦略的・技術的指導のもと築城されたことが『日本書紀』に記されていることから、一般的には朝鮮式山城と呼ばれている」とある。百済滅亡後の七世紀中頃、百済の人々によって、山城築城の技術や石材加工技術が伝えられたことがここでも記されているのである。

大野城址の城壁総長が八・四キロメートルと長く、「百間石垣」「大宰府口城門跡」「大石垣」など、石垣が築かれている部分を確認した。

「百間石垣」は土塁を固定することを主目的に積まれたためなのか、花崗岩を乱割し前面を合わせただけの乱積みといった状況で、特に注目すべき点はなかった。谷筋にあたる「大石垣」の石積みは、おおよそのサイズにそろえた長方形の部材を用いており、石と石とが合わさるようにそれぞれの石の面を丁寧に加工した様子がうかがえる。

2-1　大野城址の百間石垣

2-2　大宰府口城門付近の石垣・大野城址

2-3　大石垣・大野城址

2-4　御所ヶ谷神籠石の中門址

御所ヶ谷神籠石

　七世紀後半、当時の中央政権が北九州の防衛の要として重視していた京都平野後方の御所ヶ岳の尾根沿いに築かれた福岡県行橋市の御所ヶ谷神籠《ごしょがたにこうご》石《いし》も朝鮮式山城である。城壁は外側の基部に列石を据え、土の城壁である土塁を巡らせている。

　土塁が谷を渡る部分は通水口を備えた石塁が築かれ、特に中門跡の右側石塁は花崗岩の切り石を二段に積み上げ、下段は排水用の暗渠が設けられている構造となっている。その様子が千三百年経過した現在でもしっかりと確認でき、壮観ですらある。石材は場内で採れる花崗岩を使用している。

2-5　中門跡石積み状況・御所ヶ谷神籠石

2-6　中門跡の切り欠き加工による石積み・御所ヶ谷神籠石

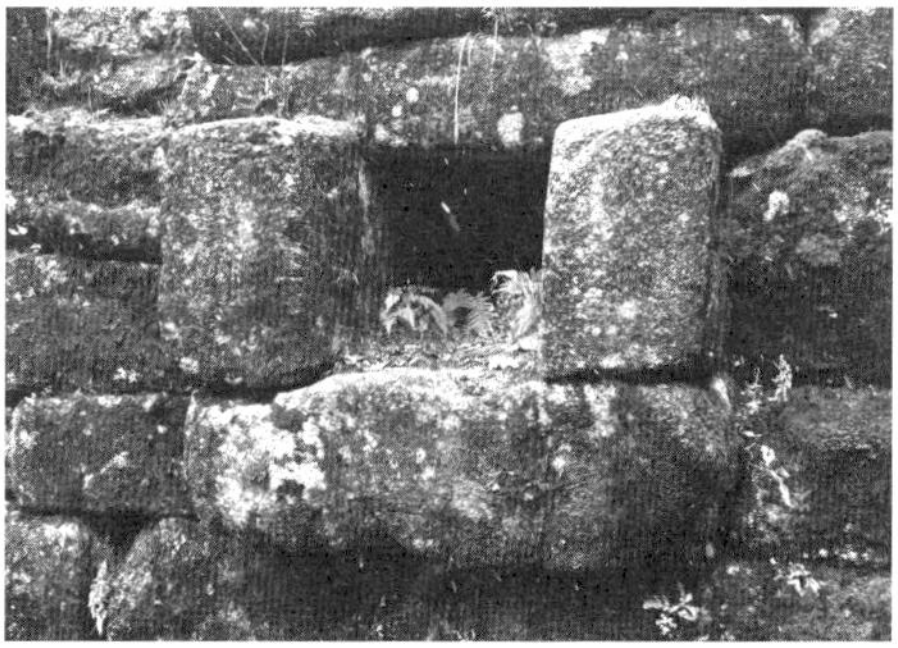

2-7　中門跡通水付近の石積み・御所ヶ谷神籠石

雷山神籠石

福岡県糸島市雷山《らいざん》・飯原《いいばる》間の山中に築かれた朝鮮式山城である雷山神籠石《らいざんこうごいし》の主な遺構として、谷筋に築かれた水門と、そこから東西に延びる列石がある。

水門の石積みは、石と石の面が密着しており、朝鮮式石積みとして完成度が高く、一部崩れたところが見受けられるが、現在でもしっかりとその姿を保っている。

2-8　雷山神籠石の水門

2-9　水門付近の石積み状況・雷山神籠石

東西に延びた列石は土手を押さえるために築かれたものと推測されるが、地震に対する備えのために、石の接合をより強固にするすり合わせ加工をした部材が確認された。さらに谷に転がっていた水門の石積みと思われる部材を注意してみるとノミ加工が施された面が確認でき、この加工も面と面が全体で合わさるような加工跡であると推測する。

2-10　水門の切り欠き加工による石積み・雷山神籠石

2-11　列石の三次元すり合わせ加工の様子・雷山神籠石

2-12　ノミ加工跡が確認される水門に使われた部材・雷山神籠石

朝鮮式石積みについて

唐・新羅連合軍からの防衛のために構築された朝鮮式山城は、かなり急を要した大工事と思われたが、実際に積まれた石垣現場を観察すると、実に丁寧なつくりで石垣としての完成度も高いことが分かった。

当時の朝鮮式石積み工法は、基本的に部材の接合面を面全体で合わせる密着度の高い技法で積まれている。先ず、部材を高さがおよそ合うような意識で立方体に割り、部材ごとにすべての面をなだらかに成形し、なかには接合面を三次元で合わせるように成形した部材も見受けられた。

また、部材の角になる部分は割りっぱなしではなく丸面加工を施している部材が多いのも特徴的である。この丸面加工は、割りっぱなしのままだと地震の際に角が欠けたり、ひびが入ったりして部材が損傷するのを防ぐための処理だと思われる。

さらに、意識的に石の角を「L字」に切り欠いた「切り欠き加工」を施した部材を石積みの随所に組み込んで、石積みの水平を調整するとともに、部材をより密着させて石垣全体の強度を高める工夫が見られる。

これらの耐震工夫により、朝鮮式石垣は構築以来千三百年もの時間を経過しても、大きく崩落もせずその姿を保っているのであろう。付け加えておくと、石垣には丁寧に表面処理した部材が用いられており、石を割るために使われた「矢穴痕」は消されてしまっていると思われる。

我が国と朝鮮式との石垣と比較してみると、我が国の石積みは部材の奥行（控え）を細く成形したものを用いたものが多い。石積みの接合は表の一面のみを合わせて、控えには小石や採石などを詰め込んで免震対策としている。「野面《のづら》積み」「打ち込み接《は》ぎ」「切り込み接《は》ぎ」と中世から近世にかけて、進展させてきた我が国の石積み技法であるが、基本的には部材全体の面を接合させる技法はとられていない。近年、仙台城や熊本城といった構築後四〇〇年前後の石垣が大規模な修復や積み直しの作業が行われていることを考えると、朝鮮式石積みの耐久性はかなり高いことが分かる。

2-13 仙台市青葉城石垣の裏込めの様子

2-14 仙台市青葉城石垣の様子・中央の石垣は以前に積まれた石垣遺構

第三章　飛鳥の石造物

古代日本では石の加工技術は未発達であり、古墳などに自然石の大きな石を使ったりはしたが、本格的な石の建築物や石造品を造ったりはしていなかった。ところが、六世紀末の飛鳥時代になると飛鳥寺の造営を契機として、百済からの文化流入とともに様々な技術が伝来し、石材加工においても百済の技術が導入され、これまでにない石の造形が可能となったとされている。

益田の岩船

長さ十一メートル、幅八メートル、高さ四・七メートルの巨大な石造物で、上の面は平らに加工して、一辺が一・六メートル、深さ一・三メートルの穴が二つ掘られている。用途ははっきりと判明していないが、古墳の石室で未完成品という説が有力である。

上部平坦面の溝や穴が高麗尺で成形されており、硬質石材の加工技術などから古墳時代の終末期、七世紀代の特色を持つ。飛鳥地方にある石造物の中では最大のもの。

3-1　益田の岩船

3-2　側面に格子状整形加工痕が残る・益田の岩船

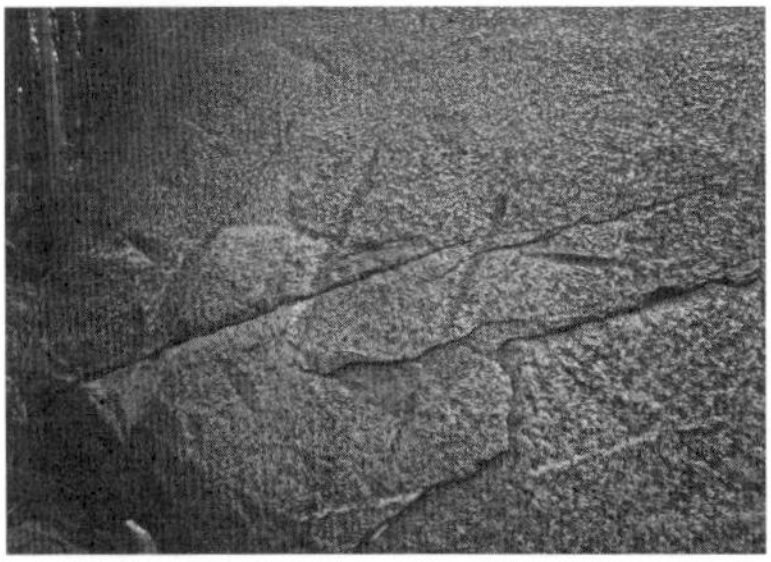

3-3　平らに仕上げられた面にも格子状整形加工痕がかすかに確認される・益田の岩船

3-4　上面の溝にもかすかに格子状整形加工痕が見られる・益田の岩船

側面には格子状の溝が荒削りの状態で残り、石の成形痕が見られる。これは、平らな面を得るために成形面に溝を彫ることによって底面の当たりをつけ、さらに石を外しやすくするための跡である。平らに成形した表面にもこのような溝痕がかすかに確認でき、巨大な自然石の成形をこのような格子状加工よって進めていたことがわかる。

亀　石

長さが四・五メートル、幅二・八メートル、高さ二メートルの巨石で、自然石の形を生かして亀の形に成形した石造物。側面と底面に益田の岩船にもある格子状整形加工痕が確認される。一説には、条理を示すために設置された石という説があるが、これも用途が不明の石造物である。

3-5　亀　石

3-6　側面に格子状整形加工痕が確認できる・亀石

3-7　底面にも格子状整形加工痕が確認できる・亀石

石人像

高さが一・七メートルで岩に腰かけた男女の石造物。顔は鼻が高く、異国人の風貌をしている。男女どちらも口元には直径二センチの孔が開けられており、そこから水が噴き出す噴水装置としてつくられたものと推察されている。男子の口元にはお椀があったものと思われるが欠損しており、その欠損部分から石造内部で孔をY字につなげた様子が確認できる。この孔開けの技術は、「エンショウノミ」と呼ばれるノミ先が一文字になっている長いノミで、一人がノミを回し、もう一人がノミを打つという加工方法でなされたものと思われる。孔をつなげるには高い技術を要し、当時の技術水準を推し量ることができる。

3-8　石人像（複製）

3-9　石人像オリジナル

3-10　噴水孔が貫通している様子（石人像オリジナル）

3-11　酒船石遺跡の導水施設

3-12　亀形石槽

酒船石遺跡

近年、酒船石《さかふねいし》のある丘陵地を発掘した結果、大規模な土木工事がなされていたことがわかり、丘陵地一帯は酒船石遺跡と呼ばれている。その谷底に当たる場所から切石積みの湧水施設と舟形石槽、亀形石槽が発掘された。切石積みの湧水施設から舟形石槽と亀形石槽とに流れ込む構造となっている。周囲は壇上の石敷きで、重要な儀礼の場であったのではないかと考えられている。どちらも硬質の飛鳥石丸彫りで、成形の加工度合いが高い見事な石造物である。

この石造品は自然石から成形したものではなく、丸彫りである。この時代には考古学上、石割技術が我が国にはなかったとされているが、石をいったん割ってから加工した可能性が高い。その理由は、平面的な石造品を造る場合、石の目に沿って割ると一発で平らな面が得られ、それから成形した方が、自然石から平面を造るより作業的にもはるかに効率も良く、仕上がりもきれいだからである。

酒船石

3-13　側面にクサビ穴が残る酒船石

長さが五・五メートルの自然石に楕円と直線が連結するように彫られている石造物。用途不明の石造物として古くから知られており、江戸時代には酒造り、朱や油の精製、天文観測など諸説が唱えられた。

近年になって、丘陵地の谷部分から舟形石槽・亀形石槽が発見され、酒船石遺跡の頂上部に位置することから、これも流水を用いた祭祀施設の一部とみられている。

側面には石を割るための矢穴痕がついており、石が分割されているが、現在の形を得るために割られたものか、分割した石を他に転用するために割られたものか分かっていないという。

岩屋山古墳

七世紀前半に築城されたと考えられている古墳時代終末期古墳。両袖式の横穴式石室構造で全長一七・七八メートル、玄室長四・八六メートル、幅一・八メートル、高さ三メートルで、羨道《えんどう》長一三メートル、幅二メートル、高さ二メートル、花崗岩の飛鳥石で構築されている。玄室の天井石は一枚石を用いており、当時の古墳造営に対する意気込みが感じられ、高度な石材技術水準で造られたことを物語っている。

天井石を支える壁面の石はなだらかに張りを持たせた整形加工が施され、さらに面取り加工がなされている。これらの加工は天井石の重量を支えるために石の強度を保つための加工だと考えられる。

3-14　岩屋山古墳羨道

3-15　岩屋山古墳玄室

3-16　玄室からの文殊院西古墳

3-17　精緻な加工が施された一枚石の文殊院西古墳天井石

3-18　切石五段積みの文殊院西古墳の玄室壁面

文殊院西古墳

七世紀後半に築城された古墳時代終末期古墳。全長一三メートル、玄室長五・一メートル、幅三メートル、高さ二・六メートル、羨道長八メートル、幅二メートル、高さ二メートルで、この古墳も飛鳥石で構築され、日本では最も精巧な切石石室であるといわれている。

玄室の天井石は面積が一五平方メートルもある一枚石で内側をわずかにくぼませた精緻な加工が施されている。玄室の壁面は切石の五段積みで、羨道の壁面は一枚石を用い、岩屋山古墳と同様にそれぞれわずかに膨らみを持たせ面取り加工が施されている。また、玄室の両壁が長大石を横積みにした様式となっている点は、百済時代の扶餘王園陵東古墳群一号墳との類似性が指摘され、双方の石材技術の関連性を考えるうえで注目される。

第四章　石材技法の伝来

石材加工技術は広くいえば、旧石器時代から存在したといっても過言ではないが、本格的に建築や土木といった石材を大量に使うための加工技術は古代エジプトが源流となっているようである。

本書の主題は、飛鳥時代に矢割技法があったかどうかということであるが、古代エジプトからの石材技術の流れを見ておくことによって、飛鳥時代の石材技術に対する理解が深まるものと思われることから、「矢割技法」「掘割技法」「格子状整形加工」に絞って、世界の古代遺跡で見られる石材技術の様子を示しておくことにする。また、矢割技法の存在を探るうえで関連する「梃子孔」も取り上げておく。

「矢割技法」「掘割技法」「格子状整形加工」についての概要は以下の通りである。

先ず、矢割技法であるが、石を割るための穴を石に開け、「矢」といわれるクサビ状のものを穴に差し込み、それをハンマーなどで打ち込んで石を割る技法である。岩盤から石材を切り離したり、目的に沿った用途に応じて石材を様々に成形したりする際に用いられた基本的な石材加工技術である。岩盤から石材を切り離す際や、大きな石材を割ったりする場合には、割る方向に沿って複数の「矢」を連続して打ち込んでその目的を達成する。

石が内包する固まりの力を利用する技法として、花崗岩や斑レイ岩などの硬質の石材には有効であるが、固まりの弱い軟石には「矢」の力が伝わりにくいために有効とは言えない。

掘割技法は凝灰岩や石灰岩など、岩盤がそれほど硬くない軟石を採取するために用いられた技法で、採取する周囲をツルハシなどの工具で堀割状に溝をあけ、底面に「矢」を打ち込んで岩盤から切り離すことで石材を取り出す技法である。技術史から見ると、人類史を変える遺跡として最近話題のトルコ南東部の一万二千年前の巨石遺跡、ギョベクリ・テペ遺跡やカラハン・テペ遺跡では、三メートルを超える石灰岩の巨石をこの技法で取り出していたことが分かっている。

格子状整形加工は、硬質の岩盤や石材に対して矢割技法が使えない岩盤や用材に対して中をくり抜いたり、成形に際して慎重な作業を要したりする場面で用いられた技法である。具体的には、広い面積で平らな面に加工する場合、岩盤や石材に幅三十センチ程度、深さ五センチから十センチ程度の溝を格子状に掘り、そのブロックごとに岩盤を取り除いて成形を施していく。この技法は溝を掘ることによって面の「当たり」が得られ、狙い通りの面加工ができる。狭い面加工に対しても溝の幅や深さを調整することによって同様の成果を得られる。

矢割技法

ナイル川の上流アスワンに古代エジプト時代の赤花崗岩採石場がある。その採石場の一角におよそ三千五百年前、オベリスクの材料となる石の切り出し途中で大きなキズが見つかり、切り出し作業を断念した「切りかけのオベリスク」の遺構が残っている。

古代エジプトではこの付近からとれる赤花崗岩をピラミッドや神殿などの建造物の重要な部分に、あるいは石棺や石造などの材料として大量に使用していた。アスワン採石場のいたる所に石の切り出しの際に用いられた当時の矢割技法による矢穴痕が残っていて、矢割技法が用いられて盛んに採石された様子を実際に見ることができる。

参考文献の"The Aswan Oberisk, With Some Remarks on the Ancient Engineering"によると、それら矢割技法の跡は後世のものだとする学者もいるようだが、その当時の矢穴痕は奥行きがそれほど深くなく幅広で、「矢」同士の間隔が狭い状態で連続して付いているのが特徴で、奥行きが深くて「矢」同士の間隔が広く、肉厚の「矢」を打ち込んだ後世の矢穴痕とははっきりと識別がつく。また、同書で矢割技法に用いられる「矢」は、木の「矢」を用いたという説も紹介されているが、木の「矢」では巨石を岩盤から切り離すことは不可能である。古代エジプトでは青銅の存在が認められ様々な用途で用いられているので、木よりははるかに硬い青銅製の「矢」を用いたと考える方が自然であろう。

ただし、モース硬度「四」程度の青銅では、硬度「六～七」の花崗岩に矢穴を開ける加工は不可能である。岩石の加工に対して金属の硬度がどれだけ必要なのかは、金属の粘りや硬さに伴うもろさなどを考慮しなければならず、単純にモース硬度の示す数値では測れないが、実際に筆者自身が青銅は花崗岩にどれほど有効なのか、青銅製ノミを用いて加工を試みてみたが、たちまちノミ先がめくれてしまい、まったく歯が立たたない。

では、どのような道具を使って矢穴を開けたのか。古代エジプト時代に鉄があったということは考古学的には否定されているが、やはり鉄の存在、それも花崗岩の加工に有効な鋼の存在が欠かせない。石材の加工跡から検証すると四千三百年前のギザのピラミッド時代にはすでに鋼があったとする方が矛盾はない。

矢割技法は効率的に石を切り出す採石場や土木や建築資材を調達する際に必須の技法であり、紀元前二世紀頃のローマ時代の遺跡とされるトルコ地中海沿岸「エフェソス古代都市遺跡」にも、当時の石材技術の様子を示す看板に「矢」を打ち込んで岩盤から石材を取り出している図が描かれていて、矢割技法が各地に広がっていたことを示している。

さらにこの技法はインドに数多く造られた石窟寺院でも確認することができる。三世紀から九世紀頃に造営されたマハーバリプラム海岸寺院や、六世紀から七世紀に造営されたバーダーミの石窟寺院では遺跡のいたる所に矢割技法による矢穴痕が残されており、各地で盛んに用いられた技法であることを示している。

4-1　古代エジプト時代のものと思われる赤花崗岩採石場の矢穴痕・エジプト、アスワン

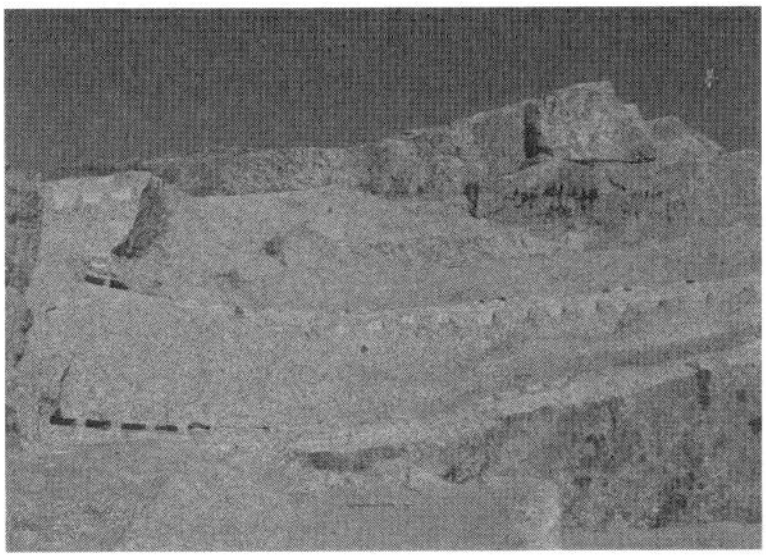

4-2　古代エジプト以降と思われる矢穴痕・エジプト、アスワン

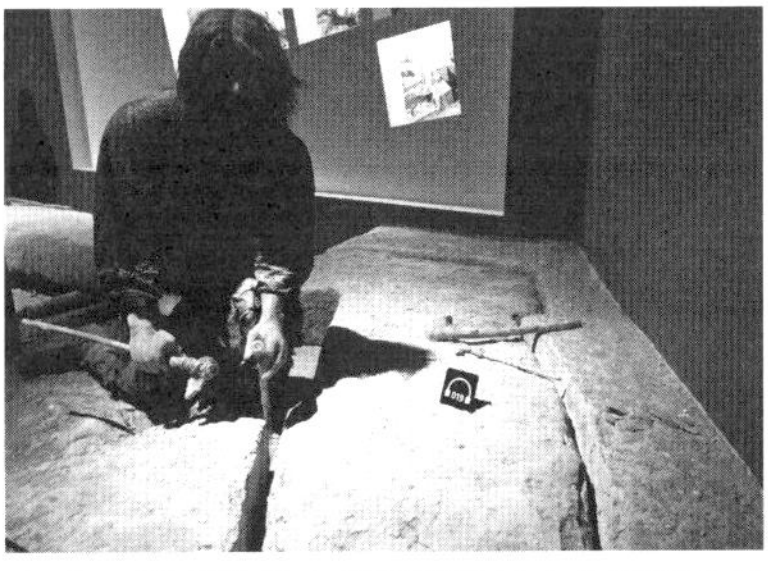

4-3　12000年前の掘割技法による採石の様子・トルコ、シャンルウルファ考古学博物館

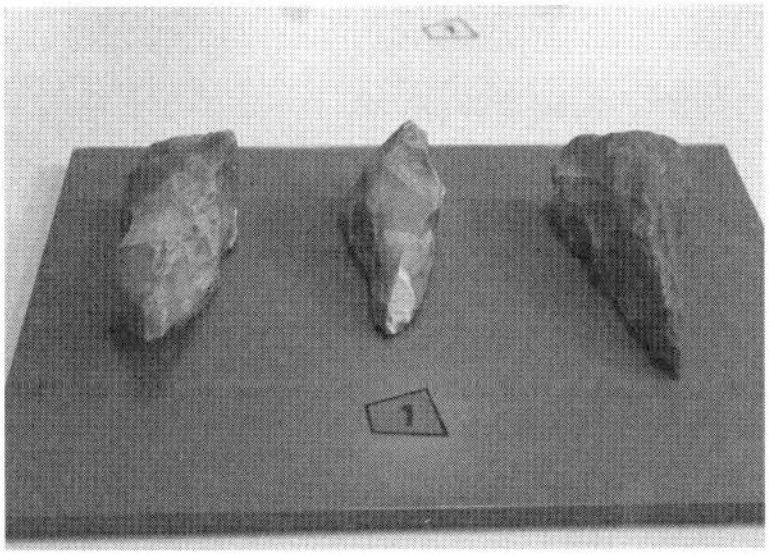

4-4　12000年前の掘割技法の際に用いられたと思われる石製ノミ・トルコ、シャンルウルファ考古学博物館

4-5　12000年前の掘割技法の際に用いられたと思われる石製「矢」・トルコ、シャンルウルファ考古学博物館

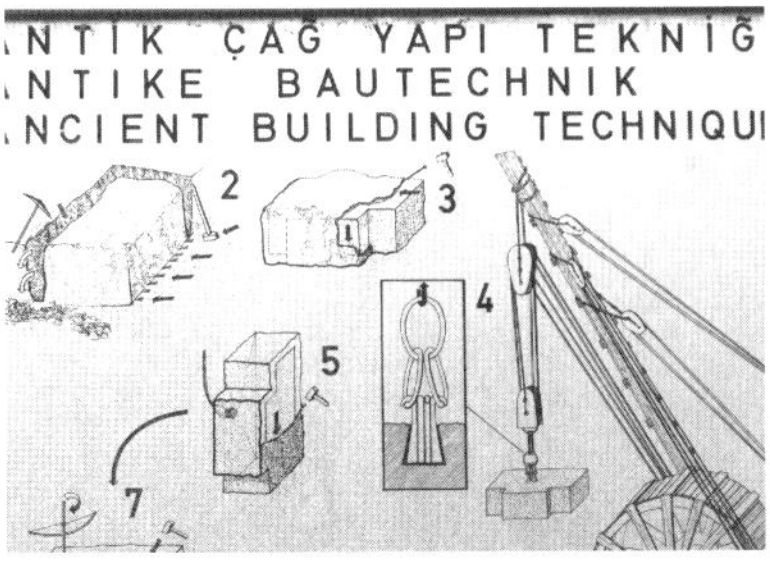

4-6　ローマ時代のエフェソス古代都市遺跡に掲げられている石灰岩採石場の矢割技法（図の左上）

4-7　花崗岩の岩盤からの切り出しに付けられた矢穴痕・インド、マハーバリプラム

4-8　自然玉石を割るために付けられた矢穴痕・インド、マハーバリプラム

4-9　石窟寺院造営のため砂岩岩盤に付けられた矢穴痕・インド、バーダーミ

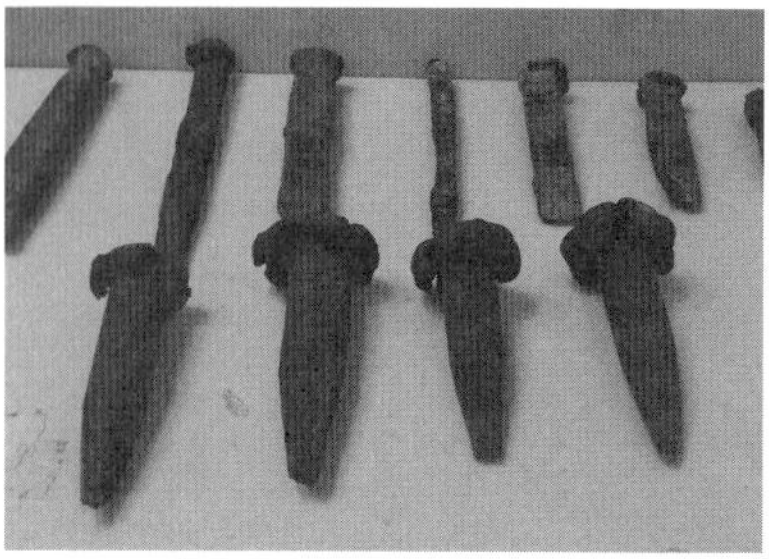

4-10　バーダーミ石窟寺院造営のために用いられたと思われる鉄製ノミ・インド、バーダーミ博物館

4-11　バーダーミ石窟寺院造営のために用いられたと思われる鉄製「矢」・インド、バーダーミ博物館

掘割技法

エジプト・アスワン採石場遺跡の「切りかけのオベリスク」に見られる深い溝は、岩盤から石を狙い通りに外すために設けられた一種の掘割技法の跡である。前述の通り、この当時のエジプトでは石材加工技術において矢割技法もあったのであるが、基底部となる一面が四・二メートル、長さが四一・七五メートル、重量一二〇〇トンという巨大なオベリスクの材料を取り出すためには、矢割技法による切り出しでは、岩盤に対して「矢」が有効に働いたとしても取り出そうとする石材がそげてしまう可能性が高く、確実に狙ったとおりの大きさに切り出せる保証がない。それで膨大な作業量を要する掘割技法が用いられたと思われる。

資料では、現場に大量のレンガとハンマーストーンが残されていたという記述があり、その状況から推測すると、硬い赤花崗岩の岩盤に対してレンガでフイゴ状のトンネルをつくり、その中に火を通して風を送り岩盤を高温に熱した後、水で急冷する。そのことで赤花崗岩を構成する石英・長石・雲母などの熱膨張率の違いで鉱物同士の結晶が緩んだ後に、ハンマーストーンといわれる硬い石を打ち付けて岩盤を破壊し、溝を掘り下げていったものと推定されている。

この原理は現代の「ジェットバーナー」という機械に応用されていて、重油を燃料とした火力を圧縮した空気で勢いよく送って岩盤を熱し、花崗岩の岩盤を焼き切っていく技法として、最近まで実際の採石場でも用いられていた。

「切りかけのオベリスク」の表面に残されたうろこ状の加工跡はハンマーストーンを打ち込んだ跡である。直方体の五面にそのような技法により掘割を造り、最後にクサビを打ち込んで岩盤から切り離そうとしたものである。

アスワンに残された掘割技法は、古代エジプト版「ジェットバーナー」による掘割であり、技術的にも可能であり納得がいく。ただし幅五〇センチ前後にもなる溝を開けていくには想像を絶するような労力が伴ったものと思われる。

アスワンでは桁違いのスケールであるが、この掘割技法は古代から伝わる石材技術で、一般的な採石場でもよく用いられてきた。前出のエフェソス古代遺跡の看板にも石灰岩の岩盤にツルハシのようなもので溝を掘った様子が描かれている。

また、インドでも紀元前一世紀から六世紀頃の造営といわれるアジャンタ石窟寺院の未完成窟内や、五世紀から十世紀頃の造営といわれるエローラ石窟寺院の岩盤にも掘割による切り出し跡が残されており、この技法は採石場から石を切り出す際や岩盤を大きく取り除く方法として古くから用いられていた。アジャンタやエローラ石窟では掘割に残された加工痕からツルハシのようなもので掘っていったと思われるが、多孔質であるものの玄武岩質の硬い岩盤であるため、一人はツルハシを岩盤に当て、もう一人が重いハンマーをツルハシに打ち下ろす、二人かがりの作業だったと推定される。

4-12　赤花崗岩採石場遺跡に残る切りかけのオベリスク・エジプト、アスワン

4-13　古代エジプト時代の技法であるハンマーストーンによる掘割作業を再現する現地人・エジプト、アスワン

格子状整形加工

この整形加工の様子は六世紀以降、東西貿易の拠点として栄えたインド・マハーバリプラムの石窟で多数見ることができる。ここでは花崗岩の岩盤に対して、大きく切り割る場合には矢割技法が用いられているが、石窟のように岩盤をえぐり内部空間をつくる加工の際や狙い通りの面を得ようとする場合に、格子状整形加工が多用されていたようである。

この加工は常に面の底を確認しながら作業を進めていくので、確実に狙ったとおりの形を造ることができ

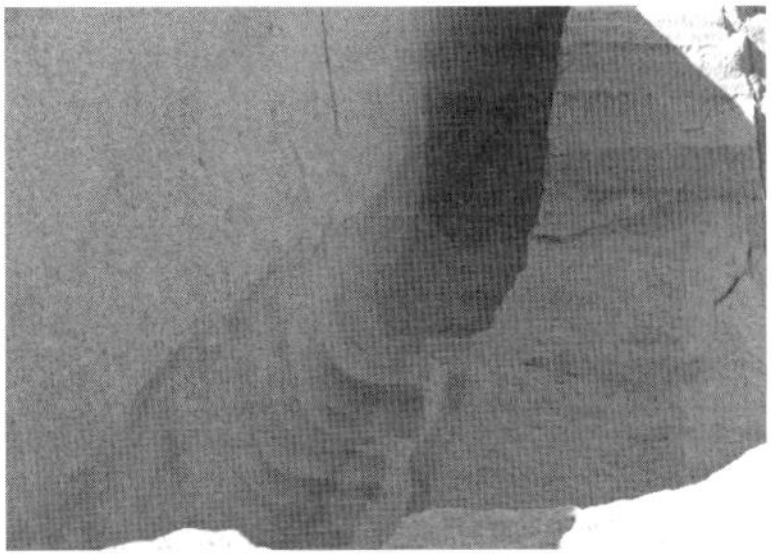

4-14　ハンマーストーンによる掘割作業によって得られた溝遺構・エジプト、アスワン

4-15　未完成窟に残された掘割技法・インド、アジャンタ石窟寺院

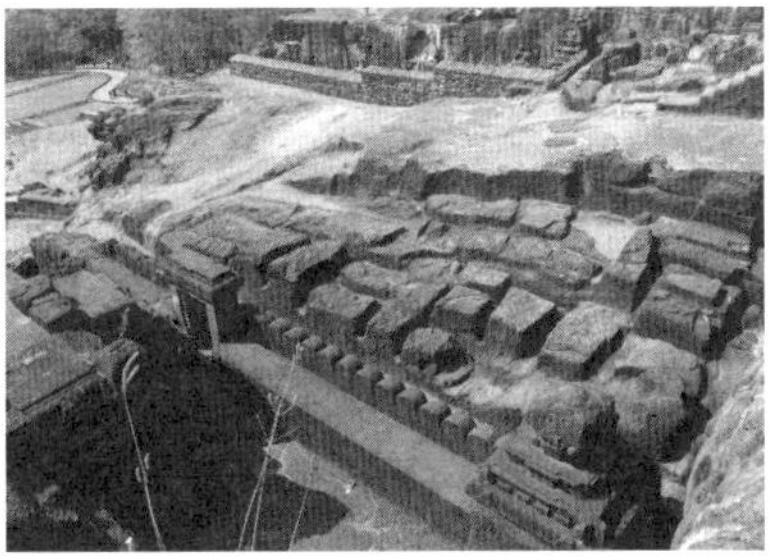

4-16　岩盤を取り除くために用いられた掘割技法・インド、エローラ石窟寺院

る。インドでは花崗岩のようなツルハシが利かない硬い石質に対して、確実に成形する最も有効な加工方法として盛んに用いられ、岩盤に内部空間を確実に広げていく際の技法として、かなり大きな空間もこの技法によって開堀されたようである。

4-17　開屈のために用いられた格子状整形加工・インド、マハーバリプラム

4-18　石窟の内部も格子状整形加工によって掘削されている・インド、マハーバリプラム

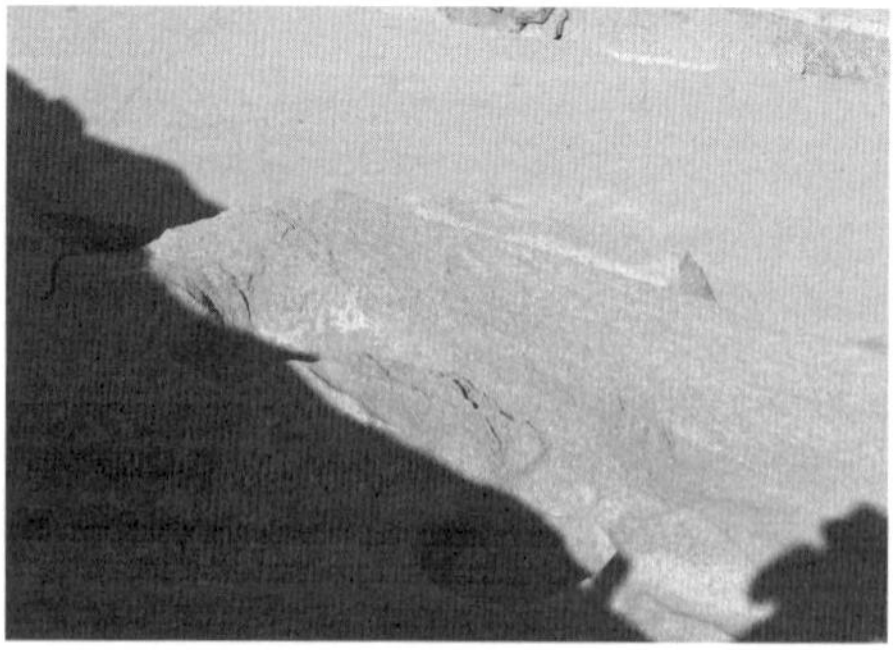

4-19　巨大な部材を取り出すために開けられた梃子穴・エジプト、アスワン

梃子穴

梃子棒を用いて石を持ち上げたり、ずらしたりする技術は直接的には矢割技法とは関係がないのであるが、後述するように梃子穴と矢割技法の矢穴とが混同されがちなので、一応示しておくことにする。

石を動かす際に梃子が用いられていたことはアスワン採石場の「切りかけのオベリスク」の遺構でも確認することができる。ただし、このオベリスクは重さが一二〇〇トンもあることから、梃子穴は三〇センチ前後、一定間隔で掘られており、梃子棒もその穴に匹敵するくらいの太さのものであったと思われる。ここでは、一旦矢割技法によって岩盤から石材を切り離し、掘られた溝に梃子棒を入れて大人数で石材を動かしたものと思われる。

この例はかなりの重量物の石材であるために一般的でないが、要するに梃子の原理を用いて石を動かしていた先例である。

一般的な例としては、エジプト・カルナック神殿の中庭に設置されたラムセス二世の石像の台座下端部分に開けられた梃子穴がある。二つの梃子穴に梃子棒を差し込み、巨像を動かしたものと思われる。同じくカルナック神殿のオベリスク台座には対面となる下端に二つずつの梃子穴が開けられておりこれも梃子穴として開けられた穴である。オベリスクとそれを支える台座がかなりの重量であるために、二方向からの梃子棒で慎重に台座を動かしたものと推測される。

また、イランの紀元前六世紀の古代遺跡・パサルダガエの石柱の下端にもやはり梃子穴とみられる二つの穴が確認された。

梃子穴は梃子棒で石を動かした際に穴自体が欠けないような配慮が見られる。つまり穴を開ける加工において丁寧に面が造られ、角は面取りが施されて仕上げられているので梃子穴であることが分かる。

それに対して、梃子穴と混同される矢穴は、穴に「矢」を打ち込み岩盤から石を切り離したり、石を割ったりするための穴であるので、穴の仕上げなど不要である。要は「矢」が入るだけの穴を開ければよいので、一般的には穴自体は雑なつくりとなっている場合が多い。

このように矢穴と梃子穴では明確に穴加工に対する意識の違いがあり、それが穴の形状の違いに反映されているのである。

4-20　ラムセス二世巨像の台座に開けられた梃子穴・エジプト、カルナック神殿

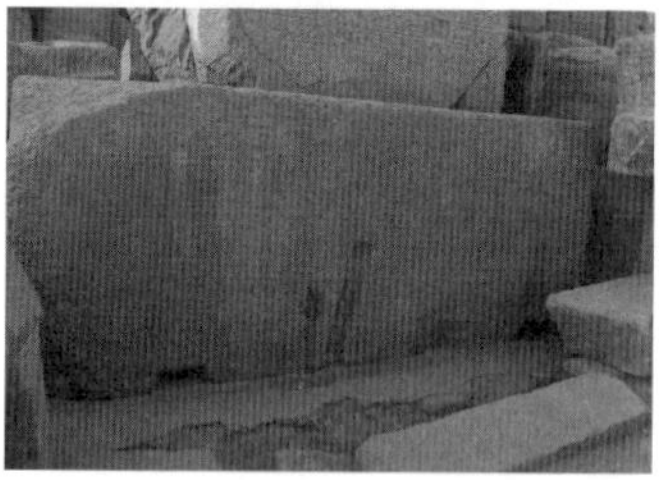
4-21　オベリスク台座に開けられた梃子穴・エジプト、カルナック神殿

4-22　パサルダガエ古代遺跡の石柱に開けられた梃子穴・イラン

第五章　矢割技法の伝来

第一章の百済・新羅の石材技術でも述べたが、我が国に石材技術が本格的にもたらされたのは、五五八年から始まった飛鳥寺造営が契機となっていて、当時、我が国には技術者がおらず百済から僧とともに寺工・路盤博士・瓦博士・画工といった技術者が派遣され、その中に石工も含まれていたと考えられている。硬い石材を加工する技術は百済の石工によって導入されたということである。

そこで当時の百済時代に残る石材技術を検証するために、百済時代の都があった扶餘《プヨ》やその周辺、さらに同時代に勢力を争った新羅の都・慶州を視察した。その検証結果はすでに述べたとおりである。つまり、益山・弥勒寺址に残された石塔の部材や慶州・皇龍寺址の礎石、あるいは感恩寺址の基礎の石組で数多くみられたとおり、建築や土木工事に際して石材を加工する必須の技術である矢割技法は百済・新羅の時代に盛んに用いられていた。

奈良文化財研究所飛鳥資料館発行の『飛鳥の石造文化と石工』という冊子の中では「飛鳥時代には矢割技法は無かった」と記されている。飛鳥時代に硬い石材を加工する技術が導入されたのであるが、その一方で、硬い石材加工には欠かせない矢割技法は伝わっていないということになっているのである。

しかし、矢割技法は同時期の朝鮮半島では盛んに用いられていたことからすると、硬い石材を加工する技術が百済から我が国に導入されたというのであれば、当然に矢割技法ももたらされていたと考えるのがごく自然である。

果たして本当に伝わっていなかったのであろうか。

梃子穴と矢穴との混同とその違い

結論からいうと実は、飛鳥時代には矢割技法が伝わっていたのだ。それを示すのが奈良文化財研究所飛鳥資料館発行の『高松塚古墳を掘る―解明された築造方法』という冊子の中で石棺の様子を解説している写真である。

本冊子中の二一ページの写真と二二ページの写真は、ともに「梃子穴」と記載されている。二一ページの写真は確かに梃子穴だが、二二ページの写真は矢割技法による「矢穴」であると思われる。

梃子穴は梃子棒を用いて石を持ち上げたり、ずらしたりする際に梃子棒を入れるために開けられた穴で、この梃子穴に梃子棒を差し込んで石材を押し上げて、微妙な回転やねじり加減によりその目的を達成する。

この技法は古代エジプトのカルナック神殿に置かれたラムセス二世の石造台座やイラン・パサルダガエ遺跡の石柱に見ることができ、紀元前にさかのぼる古代においても、梃子穴に差し込んだ梃子棒を用いて石材を動かした様子が残っている。筆者の経験からもいえるのだが、石材は梃子棒を交互に機能させれば動くので、梃子穴は二つあれば十分である。

古代オリエントで確認された梃子穴の写真でもわかる通り、梃子穴は梃子棒で石を動かした際に穴自体が欠けないよう丁寧に面が造られ、角は面取りが施されているなどの配慮が見られ、しっかりと仕上げられていて、二一ページの写真の高松塚古墳の「天井石２西面」の「２つの梃子穴」と共通する加工意識が見られ

5-4　パサルダガエ古代遺跡の石柱に開けられた梃子穴・イラン

5-1　21ページ「天井石２西面　下部に２つの梃子穴」と説明されている写真［奈良文化財研究所『高松塚古墳を掘る―解明された築造方法』(2017) より転載］

5-5　古代エジプト赤花崗岩採石場遺跡に残る矢穴痕・エジプト、アスワン

5-2　22ページ「南石壁外面　下端に５つの梃子穴」と説明されている写真［奈良文化財研究所『高松塚古墳を掘る―解明された築造方法』(2017) より転載］

5-6　マハーバリプラム海岸寺院遺跡に残る矢穴痕・インド・チェンナイ

5-3　ラムセス二世の巨像台座に開けられた梃子穴・エジプト、カルナック神殿

るのである。

それに対して、矢穴は穴にクサビを打ち込み岩盤から石を切り離したり、石を割ったりするための穴であるので、クサビが入るだけの穴を開ければよい。穴の仕上げなどは不要である。さらに狙い通りの方向に石を割るために、連続して穴が開けられるのが通常で、この矢割技法も古代からの石材技法で、前章の「矢割技法の伝来」で示した通りである。

二二ページの写真は、高松塚古墳の南壁石外面下部に開けられた穴が連続して5つ開けられており、しかも穴自体に仕上げの意識は見られないことから、この穴は岩盤から石を外すために開けられた矢穴であると思われる。南壁石底面の写真が掲載されていないため、この穴の奥行き形状と、底面の仕上がり状況が確認できないので、断定的にはいえないが、矢穴技法で割られた面は荒々しい割肌であり、南壁石の状況を考えると、恐らく岩盤から切り出した時点で、均す程度の素直な割れ方で取り出されたため、底面は矢穴がついたままで仕上げられたものと思われる。

もし、梃子穴であるとすれば前章で述べた通り、5つも穴を開ける理由がなく、梃子穴ではないことは明確である。

この穴についてさらに検討を加えることにする。冊子の「石材の加工」の説明文によると「南側の外面は葬送儀礼の際に墓道から見える部分で天井石の南側と東西壁石の南面は丁寧に仕上げられている」ことや、「南壁面の合口にあたる部分に漆喰が塗られている」ことから南面に対する特別な配慮が見られ、葬送儀礼の際の重要な役割を果たしていたことは確かである。この5つの穴について、梃子穴の説明文では「一度完全に組み立てて第一次墳丘で覆った後、墓道を掘って南壁石を取り外し、壁画を描いたり、納棺後に葬送儀礼を行った後に再度この5つの梃子穴を使って南壁を閉塞した」とある。しかし、この冊子で示されている実測図を見る限りでは床石と天井石とにぴったりと挟まれたような状況で設置されており、南壁石の上下に隙間がなく、この状態で下端につくられた梃子穴を使っては南壁石を外すことも閉めることも不可能である。なぜなら、梃子棒で壁石を動かそうとするには、わずかでも石を浮かせなければならず、その隙間がまったくない状態なのである。冊子では「梃子棒でうまく南壁石を取り外し」としているが、厚みがあり、しかも重量のある壁石を隙間がまったくない状態でどのように動かしたのかは、説明できていない。

南壁石の両側が東西壁石を覆うように合口加工されていることから、確かに、南壁面は開閉を前提としたつくりとなっている。筆者が想像するに、南壁石を開ける際にはその合口部分と両側の壁石との間に小さな梃子棒を差し込んで南壁石を外すということは考えられるだろう。合口と両側の壁石との間に隙間がなければクサビを打ち込んで隙間をつくればよい。閉じる場合には、木製で、ある程度重量がある柱のようなもので南壁石全体を均等に打ち込んで押し入れるということが一つの方法として考えられよう。

さらにいうと、下から梃子を働かせるということは現実的に不可能であることは述べたが、もし仮にこの5つの穴を梃子穴として使うということであれば、天井石の梃子穴のようにあらかじめ梃子穴を用意しておくのが当然であり、冊子でいうように南壁石を開ける段になって「下部に5つの梃子穴を穿ち」という場当たり的とも思える対応には疑問が残る。また、取り外しの段になって現場でこのような加工を行ったというのであれば、天井石につくられた梃子穴とは異なった形状の梃子穴となることには異論がないが、床石と壁石とが密着した状態での穴加工となり、床石のその部分に何かしらの工具の痕がつくはずである。冊子にある写真を見る限りではそのような痕は確認されず、この5つの穴は当初から壁石についていた状態で設置されたとするのが妥当であると考える。

改めて5つの穴の存在について整理すると、石室全体の石材の扱いから見て「壁画を描く石室内面、葬送儀礼の時に露出していて見える部分などは、みがき技法で丁寧に仕上げられている」が、外面は荒い加工のままであり、床石の幅や厚みが不ぞろいであったり、北端の天井石が不必要に長かったりすることから、棺が納められる内面に対しては細心の注意が払われたが、外面に対しては石室の機能が果たせていれば十分と考えていたとも思われる。そうであれば、矢穴がついたままの状態で用いられていてもそれほど違和感はなく、南壁面を開けるときに穿かれた梃子穴ではないという結論に至るのである。

また、『中世石工の考古学』（高志書院）の「古代採石加工技術の諸相」の章では、この穴についての言及があり、図解と共に掘割技法についての記述がある。それによると工程順に「外周に溝を掘り底面に小穴を掘る」「梃子棒で底面を割り取る」「岩盤から取り外す」と説明されている。筆者の経験や同業者の見解からすると、岩盤は強い力で固まっているため、いきなり梃子を用いて岩盤から起こすことは不可能である。もし無理に切り離そうとすれば梃子穴は梃子棒によって上に押し上げられる力で梃子穴の方が壊れてしまう。高松塚古墳に用いられた石材は柔らかい凝灰岩であるということなので、なおさらこの傾向は顕著である。作業手順としてはトルコ・エフェソス古代都市遺跡の看板に描かれている通り、一旦、矢穴に「矢」を打ち込んで岩盤から石を切り離すといった作業、いわゆる矢割技法の手順が必要であり、この見地からも当時には矢割技法が存在したということを示している。

さらに、この梃子と「矢」（クサビ）の違いを力学的に見てみると、梃子は支点を基準にして持ち上げるだけの力であり引き割る力はなく、石材を岩盤から切り離すという力は働かない。その点、「矢」（クサビ）は打ち込むことによって両側にあるいは上下に引裂く力を生じさせ、さらに深く食い込ませることによって奥に力を送り、結果として岩盤から石を切り離すことができるのである。

駆使されていた矢割技法

この矢割技法よる石割の痕跡は、明日香村に隣接している香芝市の高山石切場遺跡でも数多く確認することができると『香芝市文化財調査報告書 1 高山火葬墓・高山石切場遺跡』の中で示されている。その部分を引用すると「採石技法としては、凝灰岩の堆積節理面ごとに目的とする大きさ・形状の石材の周囲をノミ状工具で溝を切り、最終的に底面からクサビやヤを打って岩盤から石材を切り離すという軟質の石材採石特有のいわゆる掘割技法による採石方法が主流であった」ということである。採石方法として掘割技法という名称でくくられているが、岩盤から切り離す際の技法はクサビや「矢」を打ち込んでいるということから矢割技法が用いられたことを示していると思われる。さらに高山石切場遺跡に残された連続する穴を観察すると、高松塚古墳の石棺南壁石に見られる連続する穴との類似性が見られる。つまり、どちらも梃子穴とするにはつくりが雑で、採石場で岩盤から石材を切り離す際に「矢」を打ち込むために開けられた矢穴痕とみなすことができるのである。

なお、高山石切場遺跡は現在、住宅地に開発され遺跡そのものは見ることができない。

矢割技法は、今のところ軟石の岩盤から石材を切り離す際に用いられた技法として確認されるのみで、硬質の石材における矢割技法の痕跡である矢穴痕は見つかっていない。しかし筆者が観察する限りでは、飛鳥石で構築された岩屋山古墳に用いられた石材の中に、矢割技法で割ったと推定される面が残る部材を見ることができる。

それは岩屋山古墳の玄室と外部をつなぐ羨道《えんどう》に用いられた一石で、石を割った際にできたえぐれた部分を

5-7　高山石切場遺跡（香芝市二上山博物館より借用掲載）

5-8　高山石切場遺跡に残る矢穴痕（香芝市二上山博物館より借用掲載）

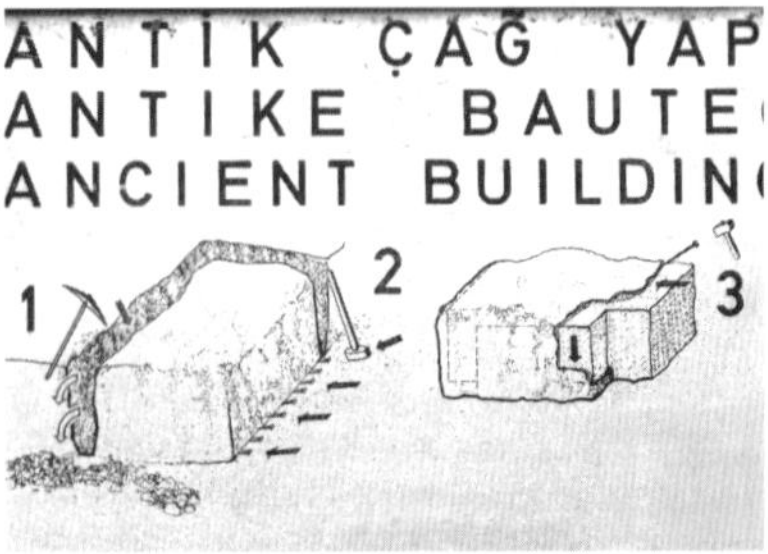

5-9　エフェソス古代都市遺跡の看板に描かれた古代ローマ時代の矢割技法・トルコ

基準にして、余分に出ている周囲を取り除いたと思われる加工面が見られる。えぐれた部分の平らな割り面を取り込んで、全体を平面に仕上げたと思われる。矢割技法を使わずにこのような平面を造ろうとすれば、今日の学説で認められている当時の技法では格子状整形加工によるほかはなく、この技法によって整形された面であれば、益田の岩船の表面整形のように、すべての面はノミ加工で平らにされるので、表面に割り面が残るというのは不自然である。

　矢割技法で割ったとするもう一つの根拠は、この古墳に用いられた石材の表面に割れやキズが見られず、風化作用が及んでいない石材の真ん中の部分いわゆる「岩石の芯の部分」の面が現れている点である。割ってこそ得られる石の芯となる部分であるから、しっかりとした石質が現れているのである。このように石の表情から推察すると、断定的なことはいえないとしても、羨道や玄室に使用された石材はそのほとんどが玉石を二つ割り、割った面にできる平面を利用して寸法に合わせて加工したものと思われる。

このことは、同時期の造営とされる石舞台古墳に用いられた石材と比較してみるとその違いは明らかである。石舞台古墳の石室は、おそらく玉石を割らずにノミで表面を平らにしたり、石と石との合わせ加工をしたりしただけで用いられたものと思われる。こちらの石材は表面に大小のキズが含まれ、さらに玉ねぎ状風化作用でできた痕も見られ、風化により劣化した表情が石の表面に現れていて、石の芯の表情との違いは明らかである。

では、なぜ矢割技法を用いたら残るはずの矢穴痕が石の割面に残っていないかということを考えてみると、岩屋山古墳の羨道や石室では、石の強度を持たせるために面を微妙に張らせた曲面状に仕上げてあり、平面にふくらみを持たせて仕上げる際に取り除かれてしまうか、目的の寸法に成形する際に割面の端に残る矢穴痕が取り除かれてしまうからだと考えられる。

この岩屋山古墳のほかに、同時期の古墳とされる文殊院西古墳でも、羨道や玄室がすべて硬質の飛鳥石で造営されており、特に玄室は長方形に仕上げられた石材の五段積みで構成されている。もし矢割技法を用いずにこのような部材をつくろうとすれば、繰り返しになるが、学術的に認められた石材技法では格子状整形加工による以外はなく、石工的な感覚でいえば、このための労力を考えると、格子状整形加工による加工は現実的にはあり得ない。

第一章で述べた通り、百済には羨道や玄室を矢割技法によって割られて加工された花崗岩の切り石で構築した古墳が数多く存在し、扶餘郊外の扶餘王陵園には三群一六基が整備されている。資料の『韓国の古代遺

5-13　石の強度を保つために局面に仕上げている岩屋山古墳玄室の石組

5-14　文殊院西古墳の切り石五段積の壁石

5-15　扶餘王陵園に復元されている百済時代の華岩里古墳・韓国

5-10　石を割ってできたえぐれた表情を部分的に持つ岩屋山古墳の羨道壁石

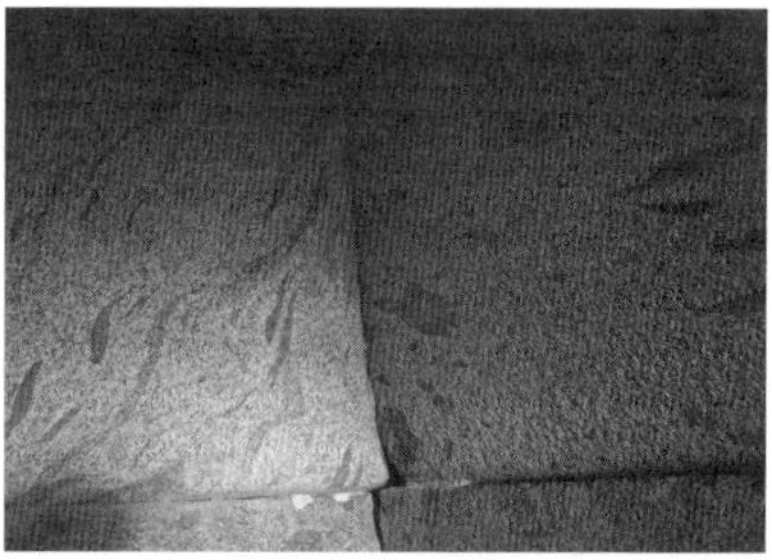

5-11　割らないと得られない芯の部分の表情を持つ石で組まれている岩屋山古墳玄室

5-12　割られていないので風化作用の痕がついたままの石を用いている石舞台古墳石室

跡2百済・伽耶編』によると、「多くは切石を用いた横穴式石室墳の様式をとり、東古墳群一号墳は玄室の両壁に長大石を横積みにしたもので石室断面は六角形を呈し、我が国の飛鳥時代の石室構造の祖型といえるもの」とある。その状況を確認するために扶餘王陵園に出向いたが、残念ながら整備後は内部を見ることができなかった。しかし近くに「華岩里古墳（実物）」と表示した百済後期の小規模な古墳が復元され、それで確認する限りでは、古墳の内部の石はすべて切り石が用いられおり、その当時の古墳造営時では矢割技法が当たり前のように用いられていたことを示している。

東古墳群一号墳の玄室の様子は資料で示されている写真でしか確認できないが、文殊院西古墳の石室石組とまったく同じ石組構造であり、双方とも共通した意識で造営されたことが想像される。

古墳造営に際しても、百済では石割技法が駆使されたのに対して、我が国でも同様に切り石の花崗岩が用いられ、共通する構造や様式が指摘されているにもかかわらず、我が国には石割技法が伝わっていなかったとする認識はきわめて不自然であると考える。

さらにいうと、我が国に残る朝鮮式山城の石垣に積まれた石材も、韓国・扶餘に残る百済時代の羅城石垣や益山郊外の五金城の石垣との間に加工技術や石積みにおける共通意識が見受けられ、これらの石積み用石材を大量に造る際も、「その築城にあたっては百済からの亡命貴族である官位第二位の高官が現地で直接指揮をとっていた」という記述が『日本書紀』にあるという。このような高官は石材技術の基本的な技術である矢割技法をはじめとして石材技術に関することも当然熟知していたと思われる。知っていたとすれば矢割技法は当然用いられていたことであろうし、万が一、高官が知らなくても、石を扱いなれている石工にとっては特別難しい技法ではなく、石工同士の情報交換により簡単に平面が得られ、素早く成形できる技法として、その技法を駆使していたとするのが妥当であろう。筆者の経験上、石工の常としていつの時代にも素早くきれいに仕事をこなすことが第一であり、それを求めて石工自身が経験や伝聞をもとに様々な技法を生み出してきた。無駄なことや手間のかかることは極力しないのが石工である。

これまで繰り返し述べてきた通り、百済の古墳の石室や石積みの様式が飛鳥時代の古墳や我が国に残る朝鮮式山城の石垣とまったく同じであることから、百済でも我が国でも同じ技法で石を扱っていたことは明白である。もし違った技法を用いていたならば、双方の仕上げの表情は違っていてしかるべきである。これらを総合的に考え合わせると、飛鳥時代に様々な石の加工に携わった石工が石割技法を用いなかったという見解は受け入れがたいのである。

最後に酒船石の矢穴痕についても触れておこう。これまで七世紀には矢割技法が我が国には伝わっていないという説が支配的で、酒船石の矢穴痕については安土桃山時代に数キロメートル離れた高取城の石垣に流用するために矢割技法で割った痕だともいわれているが、もしそうだとすれば、なぜすべての石材を割って石垣に流用しなかったのだろうかという疑問が残る。戦国時代では石垣に使用する石材の調達には相当に苦労したとみられ、石垣の中には石棺の石も流用していた例があるくらい、使えるものは何でも使ったわけで、石垣用の石材を必死に求めていた時代に、このような中途半端な使い方はきわめて不自然である。

この時代には矢割技法があったとする立場からいうと、酒船石の現状の姿から想像すると、左右対称の三角形に見えないこともなく、当時そのように意識的に成形したものとも受け取れる。さらにいうと矢穴の形が新羅の都であった慶州・皇龍寺址で見た矢穴の形に何とも似ているのだ。日本古代史を専門とする門脇禎二氏は『飛鳥と亀形石』の著書に中で「七世紀の東アジアで花崗岩の石彫文化が最高に発達したのは新羅である。その王陵の亀趺のみごとな作品などもある。モチーフは異なるが男女石人像・須弥山像・亀形石など酒船石の技術の共通性は新羅系工人とみる」と指摘していて、それを裏付けるような矢割痕が亀形石を含む酒船石遺跡群の一つである酒船石についているとも言えるのである。

何はともあれ、百済系工人であろうが新羅系工人であろうが、当時の朝鮮半島で盛んに用いられていた硬質の石材に対しての矢割技法が我が国にも伝わっており、同じ形状の矢による矢割技法が用いられていたと思われるのである。

5-16　朝鮮式山城の石積み・福岡県、御所ヶ谷神籠石

5-17　五金山城の石積み・韓国、益山郊外

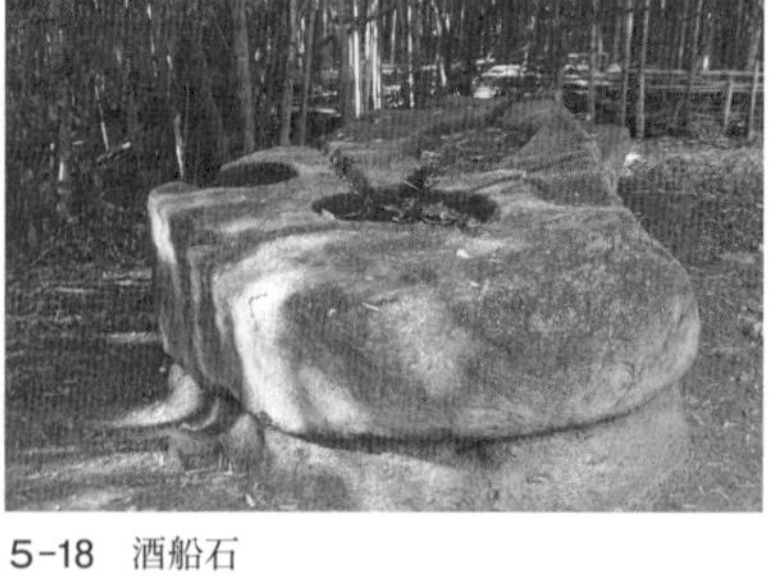

5-18　酒船石

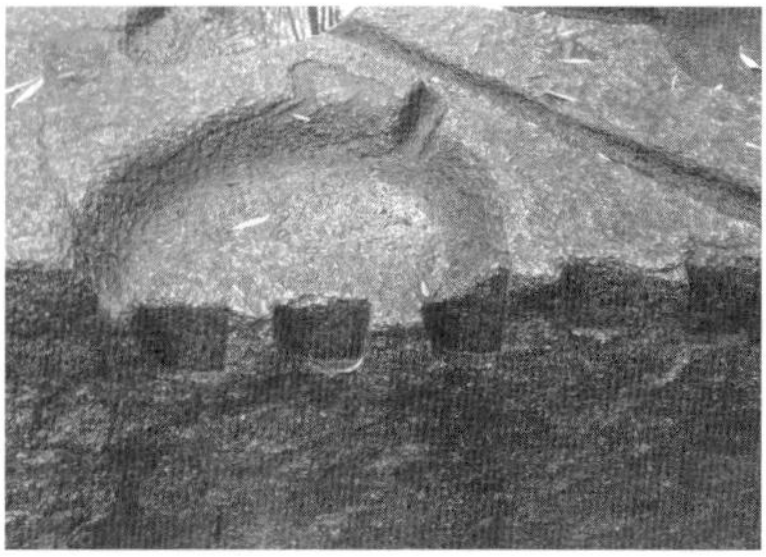

5-19　酒船石側面に残る矢穴痕

5-20　皇龍寺址に残る矢穴痕・韓国、慶州

5-21　皇龍寺址ではこのような矢穴痕がいくつか確認された・韓国、慶州

第六章　矢割技法の展開

ここまで様々な事例を挙げて、飛鳥時代には矢割技法が百済から伝わっていたことを述べたが、その後、我が国では矢割技法は様々に工夫され、石材技術の基本的な技法として定着していった。

実際の現場でいうと、採石場では石を採石する技法として、あるいは小割作業の場では石を成形する技法として、石の性質やその目的に合わせて「矢」の形状や素材、あるいは使い方に工夫を加えてそれぞれの現場に合わせて使いこなしていくことになる。

石工の作業感覚を総じていうと、いかに手早くそして後の作業が楽に、しかもよりきれいに仕上がるように常に意識を働かせながら作業を進めていく。それができて初めて、石工仲間の間で一人前の職人として認められるのである。そのために石職人として素早く石の性質を理解し、作業方法や手順を考え、道具を吟味し、採石場においては岩盤の筋を読むことに注力するのである。

採石場での切り出し

石の仕事は、主に採石場で石を切り出すところから始まる。採石方法は石の性質により軟石と硬石の採石方法に大別される。実際の採石作業においては、岩盤の状況や石の性質によって最も効率の良い方法が採られることになる。

凝灰岩質や砂岩質など軟石石質の切り出しは、岩盤を切る機械が導入されるまで掘割技法による採石が主流であり、岩盤から外す際には「矢」を打ち込んで石を切り離す矢割技法が用いられてきた。実際に軟石を矢割技法だけで岩盤から切り取ろうとしても、穴が変形してしまい、「矢」が岩盤にもぐってしまうか飛び出したりして、直接的に岩盤から石を切り出すには至らない。そこで、掘割技法という周囲に溝を掘り岩盤とつながっている力を開放し、底面に「矢」を打って石材を切り出す技法が用いられるのである。岩盤の状況によっては「矢」の力が奥まで届かず、そげてしまう場合もある。作業員は経験と技能によって採石にあたる岩盤の性質をくみ取り、最も効率的な石の切り出し方法を得て、作業を進めていくのである。

掘割技法は一万二千年前のトルコの遺跡でも用いられており、人類最古の採石技法といってもよく、山形県高畠町にある凝灰岩質の高畠石採石場では、二〇一〇年頃まで石工がツルハシで掘割作業を行い、人力で採石していた。

石材技術の基本的な技法である矢割技法は、石の固まっている力を利用して割る技法であり、軟石よりも硬質岩石により有効に働く。

花崗岩質や斑レイ岩あるいは安山岩質などの硬質岩石の採石場では、石質や岩盤の状況に合わせていかに狙い通りの石を採石するか、効率よく石を切り出すかの観点から矢割技法は様々に工夫が凝らされてきた。作業にあたっては、大きさや形の検討あるいは焼き入れの際の硬さの調整などその岩質に最も有効な「矢」が準備され、実際的には打ち込んだ「矢」がどこまで、どのように効いていくか、岩盤の節理やキズ・割れの入り具合などが慎重に見極められ、打ち込む場所が決められる。

また採石が進むにつれ、岩盤の様子や岩石の様子が変化してくるので、それぞれの場面で最適な道具を選びながら作業を進めていくのである。

ツルハシで刻み続けた歴史

石切り職人たった一人

山形・「高畠石」

昔ながらの手作業で石材を切り出す石切職人が消えようとしている。「高畠石」＝メモ＝を産出する山形県高畠町でも、半世紀にわたり石を切ってきた同町安久津の後藤初雄さん(79)が残るだけだ。高畠石の歴史と伝統の技を伝えられないか。東北芸術工科大が12月、高畠石をテーマにしたシンポジウムを開くなど、価値を見直そうとの機運も生まれつつある。

カン、カン―。安久津地区の瓜割石切り場では、後藤さんがツルハシで石を切る音が響き渡る。

周囲には約30㍍の高畠石の壁がそびえ立つ。1923年から石切り工たちが山から石を切り出した跡だ。30㌢ほどの間隔で石を切った跡の横線が見え、長い年月をかけ少しずつ切り出したことが分かる。

ブドウ農家だった後藤さんが石切りを始めたのは30歳になる少し前。農閑期の仕事として、石切り工だった弟の作業を見よう見まねで数年かけて覚えた。やがて、ブドウ栽培がうまくいかなくなり、本職になった。

当時は瓜割石切り場で

メモ　高畠石　山形県高畠町を囲む凝灰岩の丘陵…出する。約1万年前、丘陵…窟（どうくつ）に人が住み…とされる。7世紀ごろには…出した石が古墳の石室に…

石を切る後藤さん。重さ5㌔のツルハシを振り下ろすたび、石の破片が飛び散る

「伝統の技 再評価し後世へ」

6-1　高畠石採石状況［河北新報記事，2010年11月30日］

6-2　採石開始初期の状況。玉石を割りながら採石・インド、斑レイ岩採石場（1970年代）

採石場のほとんどの場合、採石を開始した初めの頃は風化作用を受けている玉石状の石材を割り、用材として切り出すことになる。玉石状における矢割技法は矢穴を割る方向に一直線に開け、そこに「矢」を入れてハンマーを打ち込み、石を割る。「等半《とうはん》」といって、割る石の中心線に沿って力が均等にかかるように「矢」を打ち込んだ方が素直に割れる。その際、岩石の節理や結晶の状況によって割れやすい「石の目」があり、その面を読み取って石目に正確に合わせて「矢」を打ち込むとまっ平に割れる。割り面も滑らかで後の作業も効率的で、しかも仕上がり面がきれいに仕上がる。

それに対して「石の目」に直交する面は、割れにくい性質を持っていて、「等半」にクサビを打ち込んでもそげたりする場合があり、割り面もなんとなくざらついている。腕利きの石職人になると瞬時に石の性質を読んで、矢穴の角度を変えたり、間隔や打ち込むハンマーの力を調整したりして、なるべく割り面が平らになるように心がけるのである。

・セリ矢

採石が進み、風化を受けていない岩盤になると、石も次第に締まって硬くなってくるので、採石の仕方も一層の工夫が必要となってくる。岩盤の節理や、キズ・割れの入り具合を読み取り、矢割の力が逃げていく方向を見極めて採石を進めていくのであるが、採石作業を円滑に進めるために、矢割技法にも工夫が必要となる。その一つの方法が矢穴の両側にセリガネという鉄の薄い板を挟み、そこに「矢」を差し込んで割る技法で「セリ矢」技法といわれるものである。この理由は、「矢」にかかる摩擦を少なくする効果があり、硬く締まった岩盤に対して少ない力で割ることができる。さらに割れにくい場合はセリガネに油を垂らし込んで使う場合もある。ただし、「矢」があまり急激に効きすぎると石がまっすぐに割れずそげてしまう場合があるので、その辺の兼ね合いは石職人の感覚に委ねられることになる。

6-3　岩盤に矢穴を開ける作業状況・高松市石の民俗資料館

6-4　矢を打ち込んでいる様子・高松市石の民俗資料館

6-5　矢穴技法で割られた花崗岩・香川県、小豆島石丁場跡

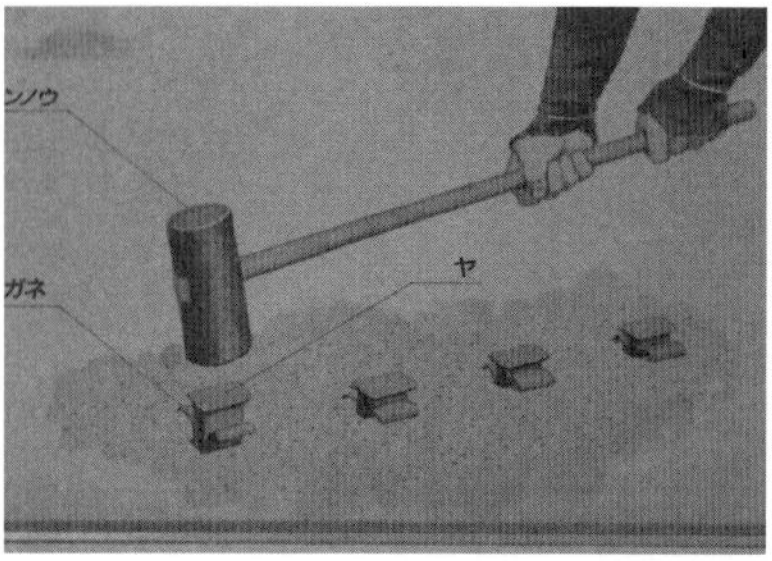

6-8　セリガネを用いた矢穴技法状況図・高松市石の民俗資料館

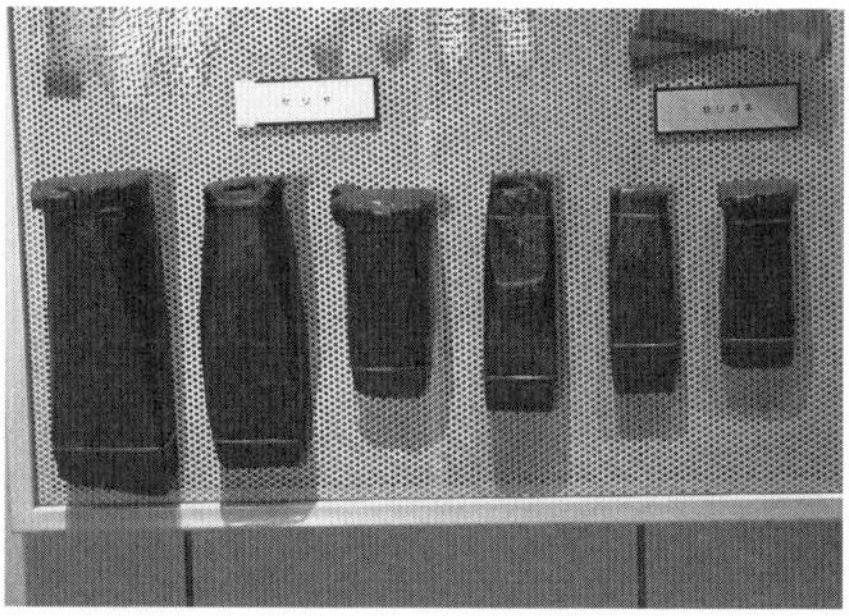

6-6　セリ矢・高松市石の民俗資料館

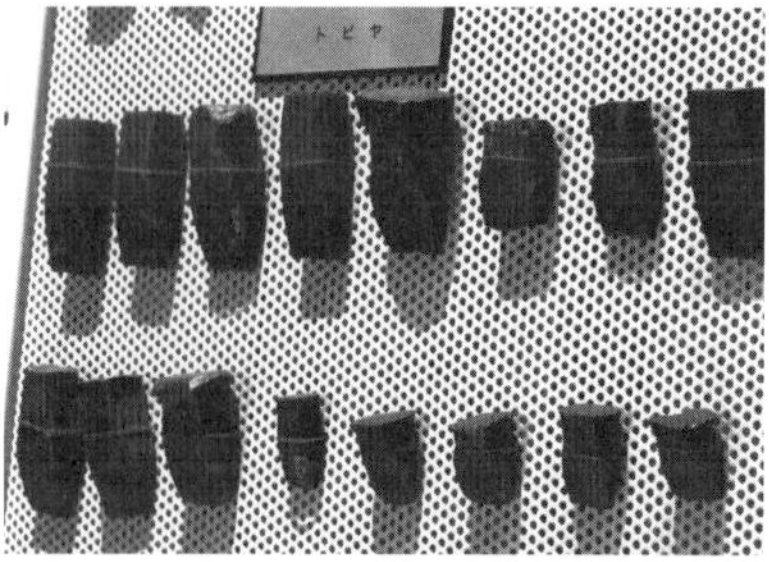

6-9　トビ矢・高松市石の民俗資料館

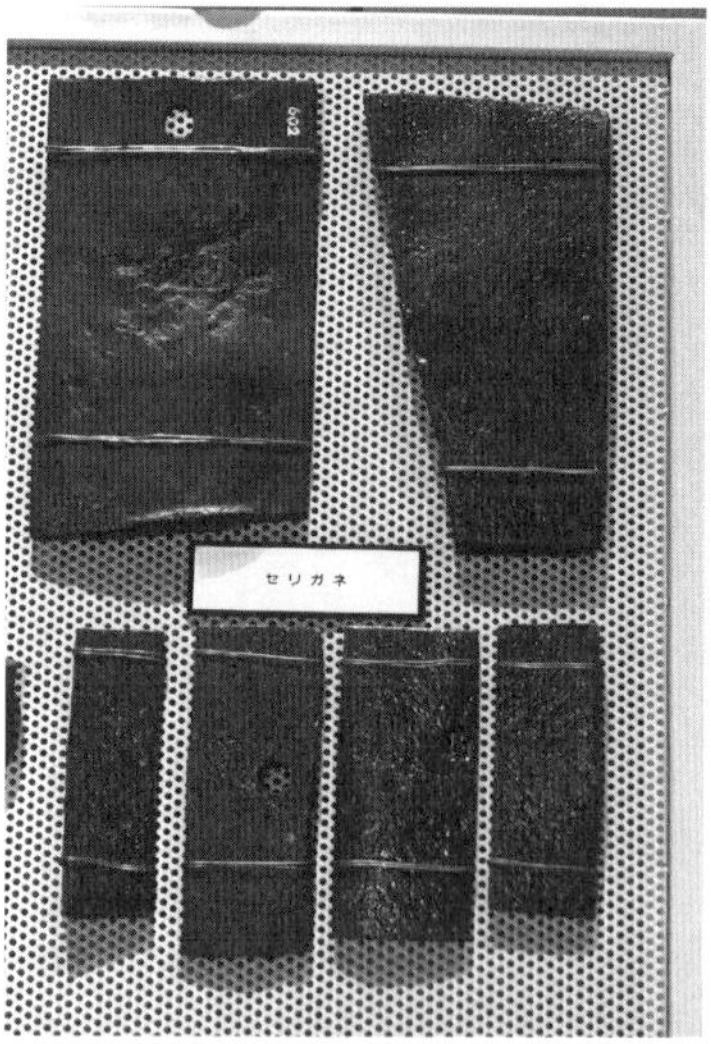

6-7　セリガネ・高松市石の民俗資料館

小割場および整形作業

切り出された石材は用材として使えるように、採石場付近に用意された小割場で整形作業を行う。ここでは指定された用材の寸法に整形したり、あるいは乱尺材といって寸法を決めずにその後の作業で実際に使う寸法に使いやすいように整形したりする作業が主な作業となる。小割場では普通に矢割技法が用いられたが、作業効率上「トビ矢」という技法も用いられる。

・トビ矢

トビ矢はセリガネの代わりに細縄を用いるもので、矢穴の奥の方に瞬時に打撃を与えて石を割る技法である。打撃を与えた瞬間に「矢」が飛び出すので、「矢」を見失わないよう注意が必要になる。筆者の採石場では「矢」の頭近くに帯状のゴムを装着し、飛び出した「矢」の方向を見定めるといった工夫をしていた。トビ矢は、仕事が早いので小割作業ではよく用いられた。トビ矢を使う場合は特に石の目をしっかり見極めることが重要になってくる。

割る方向をより正確に定めたり、「石の目」に従わないで割ったりする場合には、トビ矢の両側に通常の「矢」を効かせるように軽く打ち込んで割れ筋をつくり、その後にトビ矢で割る方法が採られることもある。

木の「矢」で石を割る

世界的にみると、石材技術において木の「矢」による石割技法は古代からあったと考えられているようだ。イギリスの考古学者による一九二二年発刊の"The Aswan Obelisk"の中で、古代エジプト時代に長さが四一メートルの巨大な赤花崗岩のオベリスクを岩盤から切り出す際に「水を含ませた木の「矢」を使用したのではないか」という説を紹介し、それに対して「木の「矢」を打ち込んでも石の圧力に敵わず飛び出してくる」として、この説を否定している記述がある。この記述は古代のオリエントやヨーロッパで木の「矢」を使っていたという認識が少なくとも百年前にはあったということを示している。

我が国でも、私の知る限りでは、「採石場で鉄が手に入りにくい昭和二〇年代頃、前日に木の「矢」を打ち込み、そこに水をかけておくと、翌日には木が膨張する力で石に割れが入り、簡単に石が割れた」さらに「冬期には木の「矢」にしみ込んだ水分が凍みて自然と割れていた」ということを古老の石工から直接聞いていて、その時代に木の「矢」が恒常的に使われていたようだ。木のクサビで石を割る技法がいつの頃から生み出されたのかは不明であるが、かなり前から木で石を割る技術が石工の間で継承されており、「矢」の材料となるクリやケヤキなどの硬い木が山林から手軽に調達でき、石工の感覚として石が割れれば材質にこだわる必要はないので、木で石を割ることが当たり前のことであったのではないかと想像する。

さらに木の「矢」が用いられた理由として、採石場では石の性質や岩盤の状況によってさまざまな「矢」が使われていたが、巨大な岩盤を切り出す際には、高松市の「石の民俗資料館」に展示しているように重さが一キログラム以上もあるような鉄の「矢」を用いることもある。これを連続する矢穴全てに用いようとするとかなりの重さであり、持ち運びや矢穴に装着する作業、あるいは石割後の「矢」の回収などに結構な労力がいる。その点、木の「矢」は手軽である。また、横からの打ち込みの際は鉄製の「矢」では重みで落下する可能性があるが、その点、木の「矢」は矢穴によく馴染み使い勝手がよい。

おそらく、経済的な理由とは別に、様々な場面で木の「矢」と鉄の「矢」は併用して用いられ、石工の状況判断によって使い分けられていたのではないかと想像する。

現実的には、木の「矢」による石割技法は失われていて、実際に石割実験をやってみると、「矢」の材質や形状・矢穴の間隔・セリガネ使用の有無など技術的な試行錯誤が必要であり、技法的にかなりのノウハウの蓄積があったものと思われる。

6-10　セリガネを用いた木の矢で石を割る様子

6-11　木の矢とセリガネ

6-12　木の矢で割られた石材の様子・宮城県、安山岩

6-13　石の目に沿って連続して開けられた矢穴痕・香川県、小豆島石丁場跡

6-14　矢は岩石の状況によって使い分けられる。この画像の岩石は割れやすいので矢の間隔を広めにとっている・インド、花崗岩採石場

ノミの種類

ここまで「矢」について述べてきたが、矢割技法に欠かせない矢穴を開ける際に使われるノミの種類を挙げておくことにする。

・ヒラノミ

花崗岩質の岩石を成形する際に使われるノミで、「ハツリ」とか「ムシリ」とかいわれる技法で用いられる。採石場や小割場にかかわらず矢穴を開ける際にも用いられる。石工たちはそれぞれ自分の力量や岩石に合わせて、最も効率的なノミを手作りした。

・ソコウチノミ

矢穴を開けた後、「矢」の先が穴の底につかないようにさらに矢穴を深く刻むために用いられるノミ。「矢」が穴の底につかえてしまうと「矢」はそれ以上深く差し込まれない状態となって、矢穴に割る力が伝わらないので、確実に「矢」を効かせるためにはヒラノミで穴を開けた後、ソコウチノミで穴の底をさらに深く彫る作業が欠かせない。

・マルノミ

主に成形時や細工を施す場合に用いた。これも石工たちがそれぞれの力量や岩石に合わせて、自分のもっとも使いやすいノミを手作りした。

・エンショウノミ

発破により岩盤から岩石を切り離す際に、岩盤の奥深いところに火薬を充填する必要があり、そのための穴を開ける際に用いるノミ。採石場では通常一人がノミを抱え持ち、一人か二人がかりでノミをハンマーで打ち続け、目的とする穴を開けた。ノミを持つ役目のものはノミを回し、その調子に合わせてハンマーを打つのが効率良く穴を開けていくためのコツである。打ち込み始めは短いノミを用い、穴が深くなるにつれ長いノミに切り替えていく。現代の削岩機は圧縮空気が動力だが、手動式削岩機と考えればその原理が理解しやすい。

飛鳥の石造物である石人像にこのエンショウノミで開けたと思われる穴が開けられている。筆者は紀元前十七～十三世紀に繁栄したヒッタイト帝国の都、ハットウシャ遺跡でも同じ技法で開けた穴を多数確認しており、世界的に見るとかなり古くから用いられてきた技法である。

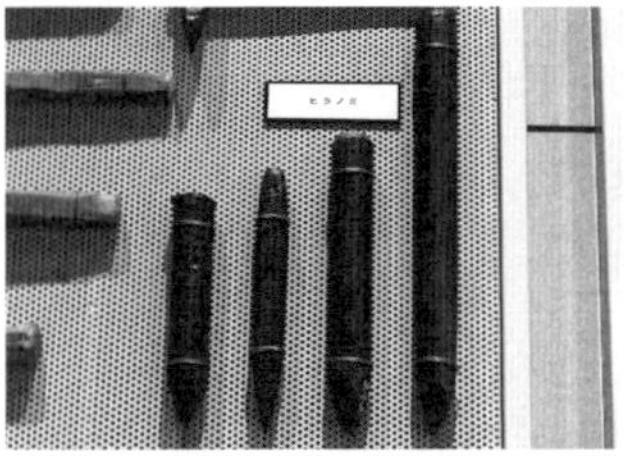
6-15　ヒラノミ・高松市石の民俗資料館

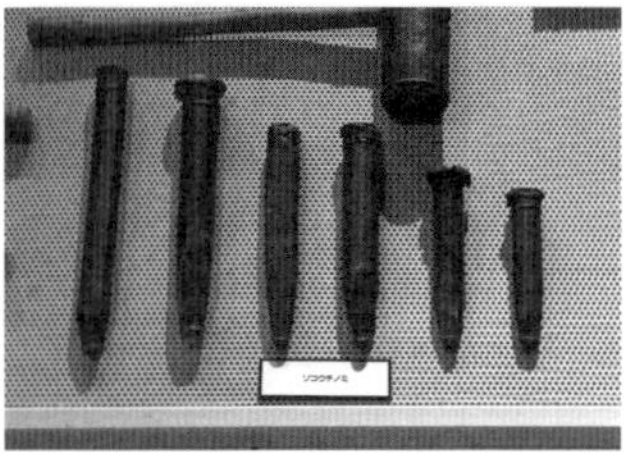
6-16　ソコウチノミ・高松市石の民俗資料館

6-17　マルノミ・高松市石の民俗資料館

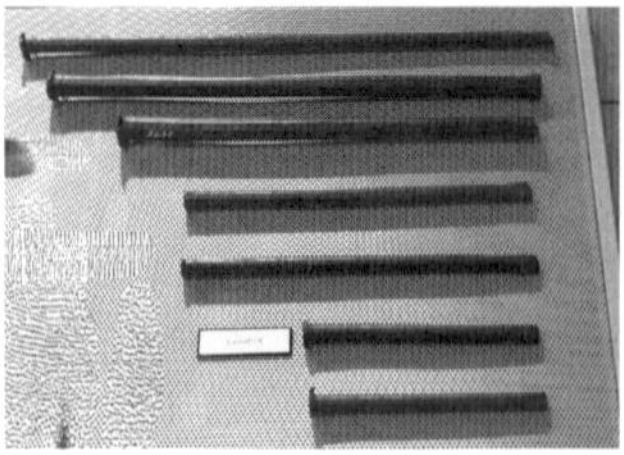
6-18　エンショウノミ・高松市石の民俗資料館

『日本山海名所図会』を見る

実際に機械化以前の石切り作業はどんなものであったか、江戸時代の諸国物産を表した『日本山海名所図会』に描かれている「摂州御影石」の図をもとに見ていこう。

・矢　穴

矢穴を開ける作業員が三名。全員が「矢」の大きさに応じた矢穴をハンマーでノミを打ち込み開けている。岩盤に対して一定方向に連続して穴が開けられており、岩盤の「石の目」を読み、割れやすい方向に沿って開けていることを示している。

・矢割作業

矢割作業員が二人。一人は大ハンマーで、もう一人は大きな石で一個の鉄の矢を打ち下ろそうとしている。石で打ち込んでいる状況は、要は矢が岩盤に打ち込まれ、岩石が割れればよいのであって、道具はそんなにこだわっていなかったことを示している。また、打ち込んでいる一つの「矢」以外に「矢」が穴にない状態については、岩石が割れた際に「矢」が岩盤の底に落ちて回収作業に手間取ることを想定し、前もって「矢」を回収していたこと示している。「矢」を打ち込んでいくと岩盤にヒビが入り、「矢」が次第に緩んでくるので、岩石がすっかり割れる前にあらかじめ、「矢」を回収していたものと思われる。

連続した矢穴には木の「矢」も用いていた可能性もある。鉄や木の「矢」を併用して岩盤に打ち込み、「矢」が緩んで外せるようになったら「矢」を回収して、最後に鉄の「矢」を一つだけ残し、それを強烈に打ち込んで割り落したのではないかと想像する。

・割り落し作業

さらに「矢」で割が入った岩石を木の梃子で岩盤から割り落す作業員も描かれている。この作業で「矢」は岩盤の底に落下して、「矢」が岩石の下敷きになったり地面に埋もれたりして紛失しやすいので、「矢」の行方を見失わないように注意を払うのも大切な仕事の一つであった。

6-19　法橋関月『日本山海名所図会』名著刊行会（1969）

6-22　ヒッタイト時代の石槽に開けられた穴・トルコ、カマンカレホユック考古学博物館

6-20　エンショウノミを用いて発破穴を開けている様子・高松市石の民俗資料館

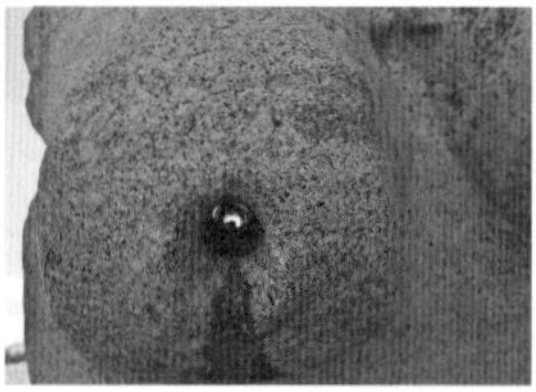

6-23　石槽に開けられた穴の様子・トルコ、カマンカレホユック考古学博物館

6-21　飛鳥の石人像に開けられた穴・飛鳥資料館

第七章　矢割技法についての諸問題

ここまで、我が国でも飛鳥時代には矢割技術が駆使されていたことを繰り返し述べてきた。このような見解は現段階で、飛鳥時代に矢割技法の証拠となる矢穴痕が見つかっていないということを論拠に学術的には認められていない。

この件に対して、高松塚古墳に石棺・南壁の下部に付けられた穴や、高山石切場遺跡に残された穴が矢割技法の際に用いられた矢穴痕であり、岩屋山古墳や文殊院西古墳の羨道《えんどう》や石室に用いられた石材の加工跡や形状、さらには朝鮮式山城の石積みに用いられた石材が矢割技法を駆使して割られていることを指摘した。さらに酒船石に残された矢穴痕は、当時に割られた可能性があることに言及し、問題提起をしたつもりである。

ここで問題になるのは、同じ時代の朝鮮半島では、花崗岩などの硬質な石材に矢穴痕が多数確認されているのに比較して、我が国では圧倒的にその数が少なく、筆者が明確に指摘した矢穴痕も花崗岩や閃緑岩などの硬質な石材ではなく凝灰岩などの軟石に付けられた矢穴痕に限定されている。

その理由を筆者なりに挙げてみることにする。

大地震の有無

先ず挙げられるのは、大地震の有無である。朝鮮半島はユーラシアプレートの中にあり、日本のようにプレートの境界にある地域と比較して、建物が崩壊するような地震があまり起きない地域である。その結果、百済・新羅時代に各地で多くの多層石塔など石を多用した建造物が盛んに造られ、現在もその姿を見ることができる。

百済時代の弥勒寺址に残る多層石塔は、日本では考えられないほど大規模な石塔であり、日本でいえば五重塔のような層塔と呼ばれる楼閣形式の仏塔である。弥勒寺は百済時代最大規模の寺院で、これに匹敵するような多層石塔はほかには造られなかったとしても、大規模な多層石塔は各地に造られた。それに伴って大量に石材が用いられたことで、加工技術についても大いに発達したものと思われる。

修復された弥勒寺址西塔の近くには、石の部材が数多く保管され、それらの部材に矢穴痕が確認されたが、石工の感覚としては、恐らくは表に現れる面は丁寧に仕上げ、その反面、見えない部分は矢穴痕を残したままの部材を用いていたと思われ、裏表関係なくバラバラな状態で保管されていることで、両面の石材加工の様子をそのままに見ることができる状態になっているのではないかと思われる。

慶州の皇龍寺址は新羅時代の最大規模の寺院跡であり、建物の礎石が数多く残されている。礎石は方形に成形されたものが多く、その部分に多くの矢割痕が確認された。礎石を成形する際に石の目に逆らって力強く矢が打ち込まれている様子が矢割痕に現れている。

また、慶州感恩寺址遺跡に確認される矢穴痕についても、本来建物の地下部分の石組部材に残されたもの

7-1　百済時代建立の弥勒寺址西塔・韓国、益山

7-2　弥勒寺址全景・韓国、益山

7-3　王宮里城五重石塔・韓国、益山

7-4　弥勒寺址に保管されている当時の部材・韓国、益山

7-5　感恩寺址の礎石と地下空間の梁石・慶州郊外

7-6　皇龍寺址九層木塔の礎石群・慶州

で当時は建物に隠れていたものであり、現在、木造部分が取り除かれ地下部分が露出した結果、その当時の石割技術が見られるのである。

いずれも建造物の見えない部分は余分な手間をかけずに矢穴痕などはそのままで、それに対して表面は丁寧に仕上げており、職人として作業の効率と美意識を考えあわせた仕事ぶりをうかがわせる。

一方で日本は地震国であり、歴史的に何度も建物が崩壊するほどの大地震に見舞われてきた。そのために石造りの建造物は発展せず、その結果、石材の用途は限定的であり、むしろ木造建築に著しい発展を見た。その代表的なものとして、飛鳥時代の法隆寺・五重塔の存在がある。五重塔は釘を使わない積み木のような柔構造になっており、しかも中に心柱を備えて地震時にその心柱が揺れを吸収するような仕掛けが組み込まれている。

また、その時代には建物に必要な柱が置かれる礎石が、底になる面は自然石の丸みをそのまま生かし、地震の揺れを吸収しやすい船底構造としており、方形加工はせずに用いた。つまり、我が国の礎石は韓国のように矢割技法による石割は必要としなかったのである。

さらに、朝鮮式山城に積まれた石材は、それぞれが長方形に成形されたものを用いているが、すべての角面に丸面加工が施され、強い揺れによって部材が欠けたり割れたりしないような配慮がされている。また、なかには耐震性を高めるための「切り欠き加工」やそれぞれの面と面とを密着させるような加工を施した部材もあり、それらの加工によって矢穴痕は消されてしまっていると思われる。

このようなことから、韓国では矢割痕が多数確認できるのに対して、日本では石材の使用が限定的で、しかも部材のそれぞれに地震対策が施された結果、矢割痕を残す石材の例が極めて少なかったのではないかと推測するのである。

7-7　四方を割って方形に成形された礎石・皇龍寺址

7-8　大宰府政庁跡の礎石群・福岡

7-9　礎石は割らずに自然石の形のまま・大宰府政庁跡

産出石材の違い

また、朝鮮半島は半島全体に花崗岩の岩盤が広がっており、硬質岩石の扱いが発達したことも矢割技法を駆使した理由として挙げられよう。

岩盤からの石材の切り出しから始まり、用材として成形する際にも様々な石材の加工技術が駆使され、当時の建造物の石材需要に応えてきたのであろう。硬質石材の加工に必須である矢割技法も盛んに用いられたと想像するに難くない。

それに対して、我が国で最初に都づくりが行われた飛鳥地方では凝灰岩などの軟石岩盤が広がっており、軟石採石に必要な掘割技法から始まって、実際の成形加工の際にも石材を割るのではなく、ノミやツルハシで削ってその用途に合わせて成形したものと思われる。

矢割技法は繰り返しになるが、石の固まっている力を利用して割る技術なので、岩盤から切り離した軟石用材に対しては有効な技術とはいい難い。石の目も明確ではなく、矢割技法で割るには石質が不安定で、思い通りに割れるものではない。実際の作業では作業リスクをできるだけ避けて取り掛かるのが石工の通例で、軟石の採取ではもっぱら掘割技法が用いられており、その結果、矢穴痕を残した石材の事例が少なかったものと思われる。

また、硬質石材と比較して軟石石材の方が加工しやすいため、硬質石材の加工はそれほど普及せず、矢割技法も韓国ほど発達しなかった一因となっているように思われる。

その一方で、飛鳥地方には軟石ばかりでなく、飛鳥石という閃緑岩質の硬質石材も産出した。現在でも少量であるが庭石として造園業者に在庫されていて、基本的には自然玉石状で産出したようである。

飛鳥時代の石造物として、益田の岩船や亀石、石人像などが知られているが、それらはいずれも自然玉石の形を最大に生かし、儀礼や祭祀に関係した造形物として成形したもので、その際の加工法としては格子状整形加工が適切であり、自然玉石を二つ割りにするのに有効な矢割技法は用いられていない。飛鳥石を割って用いた例として古墳造営や酒船石遺跡で用いられた石材にその可能性があることを指摘しておく。

7-10　切り欠き加工による石積みがある雷山神籠石・福岡市

7-11　高松塚古墳の石室も採取した二上山石切場跡（凝灰岩）・香芝市

7-12　切り出し跡が多数確認される・二上山石切場址

7-13　切石としか思えない玄室から見る岩屋山古墳羨道石組

7-14　正確に組み合わされる文殊院西古墳石室の石組

7-15　復元された酒船石遺跡・亀形石槽、船形石槽

学術的な見解に対して

飛鳥時代に矢割技法が存在しなかったということが現在の学術的な見解となっているが、その理由の一つとして、「韓国での矢割技法が未発達の内に石材技術が我が国に伝播したことにより、日本では矢割技法が発達しなかった」ということが挙げられている。

五九二年に開始された飛鳥寺の建設を契機として、百済からの文化流入とともに様々な技術が伝来し、石材加工においても百済の技術が導入されたということであるが、その時代に百済の石材加工技術が未発達だったとしても、その後、百済からの技術的な流入がまったく途絶えてしまい、石材技術が発達しなかったと考えるにはかなり無理がある。少なくても百済滅亡の危機に際して我が国は援軍を出してまでそれを救おうとした歴史的な事実から想像すれば、むしろ百済とは濃密な関係が維持されていたと考えるのが自然であり、その間も文化や技術的な交流は盛んであったと想定すべきである。

矢割技法が未発達なうちにもたらされ、その結果、飛鳥時代にはその技法は存在しなかったとする見解は、その理由を正当化するための推測でしかなく、飛鳥時代には矢割技法が存在したという立場から見て、こじつけのような印象を受けるのである。

双方の歴史的な流れを振り返ると、百済では六三九年に矢割技法が駆使された弥勒寺が造営された。その後、朝鮮半島では百済・新羅のせめぎあいが続き、それから少し時代が下がって、百済が新羅・唐の連合軍に敗北し、我が国では六六三年の白村江の戦で我が国からの援軍が敗れたのを機に、百済将軍の指導の下に朝鮮式山城が北九州をはじめとして西日本に築かれている。朝鮮式山城の石積みには大量の花崗岩の切り石が用いられており、そこでは矢割技法が盛んに駆使されたものと思われる。また、年代的には岩屋山古墳と文殊院西古墳が七世紀後半、高松塚古墳が八世紀前後の造営と推定されていて、それらの古墳も矢割技法が用いられて造営されたという流れで考えられるのである。

学術的な見解に基づいて、飛鳥時代には矢割技法が伝わっていなかったとして様々な状況が述べられているが、これまで本書で何度も指摘しているとおり、その時代には矢割技法が伝わっていたと想定すると、実際に石の加工に携わってきた者からみて、当時の石材加工状況における疑問はすべて氷解するのである。『飛鳥の石造文化と石工』では飛鳥時代の「石造物の復元」という項で、復元作業の様子を取り上げているのであるが、その中で須弥山石原石採取の段階で大きな自然石に対して矢割技法を用いている様子が紹介されている。さらに、亀形石槽の制作に至っては大型切断機を用いてカットしたものから成形していく作業を紹介している。本文では、飛鳥時代の石工たちは「基本的に人の手で根気強く成型していくのである」と解説しているが、復元作業では切ったり割ったりして、ある程度寸法取りしたものを成形しているのであり、その工程を省いての成形は作業的に見て現実離れしているといわざるを得ない。特に、丸みを伴った自然石から亀形石槽のようなスラブ状の平盤を取り出すという作業に至っては、矢割技法を知らなければ実際の石工の感覚としてその発想すら起こらないであろう。石を割るという技法があってこその石材意匠であり、成形なのである。

ここまで、筆者の私見に基づき「飛鳥時代の矢割技法」について様々な観点から述べてきた。つまり、これまでの飛鳥時代に矢穴痕が見つかっていないことを理由に矢割技法そのものがなかったという学術的な見解に対して、そのような見解は矢穴と梃子穴との混同に起因した間違った認識であり、仮に矢穴痕がなくても、加工された石材の表情や成形の状況から見て矢割技法の存在は十分に想定できると提起した。

なぜこのような認識が共有されてしまったのか不思議でさえある。

以前、筆者は一般の方々を対象に矢割技法による石割を披露したことがある。大きな石材に小さな矢が打ち込まれると瞬時に切ったように割れてしまうのに一様に驚いた様子であった。もともと石は節理を内包しており、その節理を理解していれば、割るだけなら簡単に割ることができるのである。実際に石割や加工経験のない方からすれば驚きの技術と思われるかもしれないが、何も特殊な技術ではない。石材技術における特別な技法であるかのような先入観から矢割技法が高度な技法として認識され、矢穴と梃子穴との混同を生み、そのような見解を追認し強化するような考察が重ねられた結果、公的な機関である奈良文化財研究所飛鳥資料館の刊行物にも誤った認識のまま記述されたものという筋立てが考えられなくもない。

筆者の見解を受け入れるかどうかは、学術関係者の判断によるが、今後の石材技術に関する研究において、より客観的な知見を得るためには、実際に石材の加工や業務に関わっている石の専門家との交流・連携が不可欠であると思われる。

現在、採石や石材加工・施工の技術を継承し、実践しているのは石材業者であるが、全国の石材業者で組織する一般社団法人日本石材産業協会がある。この組織を窓口にして学術関係者と石材業者との交流・連携を図りながら、石材技術に関する研究や知見がさらに深まることを切望する。

参考文献

第一章

・地球の歩き方編集室『地球の歩き方　韓国』Gakken（二〇二三）。
・奈良文化財研究所飛鳥資料館『飛鳥の石造文化と石工』（二〇二〇）。
・森浩一 監修、東潮、田中俊明 編著『韓国の古代遺跡 2 百済・伽耶編』中央公論社（一九八九）。

第二章

・葛原克人、「朝鮮式山城」『日本の古代国家と城』（佐藤宗諄 編）、新人物往来社（一九九四）。
・筑紫野市教育委員会『シンポジウム阿志岐山城を語る：謎が満載の古代山城』筑紫野市歴史博物館（二〇一三）。
・行橋市教育委員会「御所ヶ谷神籠石」行橋市歴史資料館
・「青葉山公園仙台城城壁修復基本設計」仙台市文化保蔵協会

第三章

・奈良文化財研究所飛鳥資料館『飛鳥の石造文化と石工』（二〇二〇）。
・奈良文化財研究所飛鳥資料館『高松塚古墳を掘る—解明された築造方法』（二〇一七）。
・奈良文化財研究所飛鳥資料館［飛鳥資料館案内］（二〇二二版）
・和田晴吾「石造物と石工」『列島の古代史：ひと・もの・こと 5 専門技能と技術』（上原真人、白石太一郎、吉川真司、吉村武彦 編）岩波書店（二〇〇六）。

第四章

・ラビブ・ハバシュ、他『エジプトのオベリスク』六興出版（一九八五）。
・R. Engelbach, "The Aswan Obelisk: With Some Remarks on the Ancient Engineering", Forgotten Books (1922).
・武澤秀一『建築探訪 9 インド地底旅行』丸善（一九九五）。
・武澤秀一『建築巡礼 27 空間の生と死　アジャンタとエローラ』丸善（一九九四）。

第五章
・奈良文化財研究所飛鳥資料館『高松塚古墳を掘る―解明された築造方法』（二〇一七）。
・佐藤亜聖 編著「古代採石加工技術の諸相」『中世石工の考古学』高志書院（二〇一九）。
・森浩一 監修、東潮・田中俊明 編著『韓国の古代遺跡 2 百済・伽耶編』中央公論社（一九八九）。
・香芝市二上山博物館『香芝市文化財調査報告書 1 高山火葬墓・高山石切場遺跡』香芝市教育委員会（一九九四）。
・飛鳥と亀形石　門脇禎二著　学生社（二〇〇二）

第六章
・「河北新報記事、二〇一〇年一一月三〇日」
・R. Engelbach, "The Aswan Obelisk: With Some Remarks on the Ancient Engineering", Forgotten Books (1922).
・蔀（法橋）関月『日本山海名産図』名著刊行会（一九六九）。

第七章
・奈良文化財研究所飛鳥資料館『高松塚古墳を掘る―解明された築造方法』（二〇一七）。
・奈良文化財研究所飛鳥資料館『飛鳥の石造文化と石工』（二〇二〇）。

写真　特記あるもの以外・著者撮影

あとがき

退職後、体力と筋力の維持のため登山を始めた。それで登頂した山々に鎮座しているイワクラをはじめとして、里で信仰の対象になっている石神様などをまとめて一冊の本にしたのが『東北石神様百選』であるが、さらに老化防止対策を兼ね、私のさらなる好奇心を満足させるべく、オリエント地方やインドの石造物を訪ね歩き『古代オリエントから飛鳥へ―石材技術を探る旅』として本にまとめあげた。その過程で生じた石材技術に関する疑問点を私なりに解決すべく探ってみたのが本書である。学術関係者の方々は考古学的な研究課題に対して物証をもとに様々な情報を共有し、意見交換や論証を重ねて得られた結論を学説として打ち立てているものと思われる。しかし、石材に関する加工技術のことに限っていうと、技術的な論考を行う際、実際に石材を加工しなければ感知できないような視点や知見があり、それらが不足した考察は発想の広がりに欠け、重要な点が見落とされやすい。

私自身は学者ではないという気楽さもあり、学術関係者の皆さんから激しい反論にさらされることを覚悟のうえで書き連ねた今回の試みは、物事の真実に迫る作業はどんな人間にも許される行為であり、また個人的な好奇心を満たそうとする至福の時間でもあった。

本書は、今私が取り組んでいる『石材技術三部作』の第二作目にあたる。

次のテーマはいよいよ石材技術最終作、『石材技術から探る古代エジプト・鉄器の存在』に取り掛かる。五千年前の古代エジプト時代は青銅器時代。鉄は存在しなかったという現在の考古学的認識に対して、その時代の鉄の存在を探る物語である。この件も『古代オリエントから飛鳥へ―石材技術を探る旅』の取材過程で湧いた「青銅器では硬質の石材加工は不可能であるはずなのに、あの見事なまでの石造品はどのようして造られたのか」という疑問点に、石材加工という角度から考察したものとなる。世界史的な文明の進化は石器時代・青銅器時代・鉄器時代・現代という流れが常識とされているが、石材技術の視点で考えるとそのようなとらえ方で収まらない認識が成立するという点が次作の主題となる。勿論、石屋の石頭的な発想でなく、石材技術に関するこれまでの様々な論考や、さらには鉄の技術史に関する書物を読み込んで、より客観性を持たせた筋立てに仕上げるつもりでいる。

今年もかなりの猛暑。思い返せば、エジプトの取材旅行は逃げ場のないほど暑かった。それなりに齢を重ね、体調管理も大事なことと思っているこの頃、猛暑が予想される日は外出をできるだけ避けて過ごそうと思っているが、単に引きこもっているのではもったいないので、古代のエジプトに思いを馳せながら、わくわくする時間を送ることにする。

二〇二四年　盛夏

山田政博

著者紹介

山田政博（やまだまさひろ）経歴

1953年　宮城県角田市生まれ。明治大学卒業
1986年　家業の石材会社４代目を受け継ぐ。
1989年　第一回仙台彫刻シンポジウム運営事務責任者
1991､1992､1998､2015年、採石場跡地保全作業を造形的作業に置き換えた大蔵山ワークキャンプを企画、運営
2017年　大蔵山スタジオ株式会社代表を長男に継承

著書　山にいのちを返す―大蔵山採石場にて（石文社）
　　　晴彫雨読　（日本石材工業新聞社）
　　　白石・おもしろ石　（石文社）
　　　東北石神様百選　（プランニングオフィス社）
　　　古代オリエントから飛鳥へ―石材技術を探る旅（丸善）

Blog「石好きおじさんの石めぐり」
14ishimeguri.blogspot.com
Mail. datekan@gmail.com

石割技法をめぐる飛鳥時代の石材技術
2025年２月20日　初版第一刷発行

著作者　山田　政博　

発行所　丸善プラネット株式会社
〒101-0051　東京都千代田区神田神保町2-17
電話（03）3512-8516
https://maruzenplanet.hondana.jp/

発売所　丸善出版株式会社
〒101-0051　東京都千代田区神田神保町2-17
電話（03）3512-3256
https://www.maruzen-publishing.co.jp/

印刷　富士美術印刷株式会社
ISBN 978-4-86345-576-4　C 0026